contents

調査情報

2018 1-2 no.540

TBS TOKYO BROADCASTING SYSTEM

衆議院選挙がのこしたもの

放送批評を考える

表紙・セットデザイン画
『ぺコジャニ∞！』（TBSテレビ）
木村真梨子（TBSテレビ）

衆議院選挙がのこしたもの

第48回衆議院議員総選挙。

その後の静けさは何だろう。

新しいグループ、一票の重み、民主主義、憲法。

問われていたものは数多く、簡単に書ききれない。

あの選挙を振り返る。

それは、次の選挙につながる。

2017年衆院選は小池劇場の「終幕」か？

「第三幕」としての国政への挑戦（上）

白鳥 浩
法政大学教授

都知事選、都議選で圧勝、飛ぶ鳥を落とす勢いだった「小池旋風」は、国政に舞台を移したとたん「排除」発言からまさかの失速。

民進党「解党」とあいまって、「自民圧勝」という結果をもたらした。

後世、2017年衆議院選挙は歴史にどう位置付けられるのか。

「憲法改正」への第一歩、となるのか。あるいは――

選挙前夜の永田町の迷走を振り返るとともに、衆議院選挙が突きつける日本の行く末を考察する。

序 「小池劇場」の舞台としての衆院選

「小池さんにみんなが振り回された」

これは、2017年10月30日の記者会見における大村秀章愛知県知事の2017年衆議院選挙（衆院選）に関する感想である。大村は、9月30日には、衆院選に当たって小池百合子東京都知事と連携する姿勢を見せたが、後に距離をおく姿勢をとっていた。多くの国民も、この衆院選に当たっては同様の感想を持っていることであろう。

本章においては、第一幕としての2016年東京都知事選挙（都知事選）（※1）、第二幕としての2017年東京都議会選挙（都議選）（※2）に続く、小池百合子都知事による「小池劇場」の第三幕としての2017年衆院選を検討する。果たしてこの衆院選は一体何だったのであろうか。

選挙はしばしば、「選挙が始まる前に結果はわかっている」といわれる。これはその選挙が行われるにいたった経緯を読み解けば、その帰結としての選挙結果は合理的に理解できるということを述べたものであろう。以下においてはこの選挙にいたる流れを、小池を中心として時系列的に検討していくものとする。

小池劇場の舞台を設定したメディアと小池の関係、第一幕、第二幕の都政から第三幕としての国政への舞台の変化、国政政党としての日本ファーストの会の試み、衆院選のアリーナからの民進党の消滅、小池主導の希望の党の立ち上げ、小池自身の「排除」発言による小池イメージの変容、小池に排除された候補者による立憲民主党の形成、選挙中の「民進再結集」発言、元民進党の関わる2つの新党の選挙結果の明暗、小池の希望の党の惨敗、そして第四次安倍内閣の形成と小池の希望の党の代表辞任にいたる流れを確認し、この衆院選において「小池劇場」が果たした役割とは何であったのかを考察する。

「小池劇場」の舞台の変化
—都政から国政へ—

都政にまつわる報道：メディアと小池知事

2017年7月2日の都議選は、小池支持派の圧勝に終わった。小池が代表を務めている都民ファーストの会は、1000万人を超える有権者を有する首都である東京の都議選に、初挑戦ながら、1名の候補者以外全員当選を果たすという大躍進を遂げ、49議席を獲得して第一党の地位を確保し、同じく都政で「知事与党」として連立を組む公明党も全員当選の23議席を獲得するという躍進を見せた。追加公認の6名と、東京・生活者ネットワークの1議席を合わせると、小池支持派は79議席に上り、全127議席のうちの6割を超える議席の占有率を見せた。

※1 2016年都知事選に関しては、白鳥浩「首長選挙と政党、議会の関係：2016年都知事選を中心に」『月刊　ガバナンス』2016年9月号に詳しい。

※2 2017年都議選に関しては、白鳥浩「小池劇場『第二幕』としての2017年都議選：『第三幕』国政への序章」『調査情報』第539号（2017年11-12月号）に詳しい。本論文はそれらに続く、「第三章」というべき論文である。

こうして都議選において破竹の勢いを見せた「小池旋風」であるが、この小池支持派の躍進を助けたものは、メディアにおける好意的な報道であったことは言うまでもない。第一幕としての都知事選、第二幕としての都議選においても、小池は一貫して「権力者」に挑む「挑戦者」としての立ち位置を持つ登場人物として、好意的に報道され続けてきた。小池は端的に言って、「権力者」の悪を正す、「正義の味方」として描かれてきた。

おもえば小池は、第一幕の都知事選においては、政党や組織を中心とした選挙を行っていた他の与党と野党推薦の有力な候補者に対して、しがらみのあるこうした他の候補者と組織の関係を批判した。小池は、政党や組織の支持もないままに、これまでの国政における高い知名度を武器として「徒手空拳」で立ち向かい、ジャンヌ・ダルクにもなぞらえられるなど、好意的な報道を獲得した。また、当時「都政与党」であった自民党都議団に攻撃のターゲットを絞り、都議の有力者による「ボス支配」の蔓延する都議会といったレッテルを貼ることにも成功したのであった。つまり都政は「ブラックボックス（暗箱）」であり、情報が公開されない「伏魔殿」であるという印象を、メディアによる報道を通じて喧伝することにより、終始有利に選挙戦を戦い、勝利したのであった。これには、対立候補の多くが、必ずしも雄弁な経験のある現役の政治家ではなかったという候補者の属性が大きく作用してもいた。そうした中で小池は非常にカリスマ的な魅力を都知事選において発揮したのであった。

第二幕においては、こうした「ボス支配」の終焉と、自らの「東京大改革宣言」の実現のために、自身の人気を背景に都議会における自公の連立を分断し、都議会公明党との良好な関係を構築することに成功し、自民党候補に対する公明党からの支持を引き離す戦術を採ることとなった。これは公明党にとっても意味があった。第一に、折からの国政における安保関連法案や、原発政策、そして消費税の増税などでも、旧来の主張から譲歩を迫られてきた経緯もあり、公明党都議団として、自民党に対して「お灸をすえる」という意味もあった。第二に、都議選の選挙制度が小選挙区制ではなく、実質的には中選挙区制であり、選挙区の調整を自民党と行う必要もなく、自らの票固めが当落を分けるものであった。そうした意味では公明党としては、都知事選で共に敗退した自民党と手を組むよりも、自らの票を確保するためには、都内での支持率も高く、好意的な報道の続く小池と手を結ぶことも選挙対策としては非常に魅力的なものでもあった。そして第三に、疑似的大統領制である二元代表制を採る日本の地方自治においては、首長である都知事の与党であったほうが、今後の政策実現につながるというもくろみもあった。

もちろんこれには、小池にとっても自らの人気だけで実体的な組織のない都民ファーストの会の、選挙の組織面を補うものとしても、選挙後の都政運営の補完勢力としても、公明党の支援は欠くべからざるものであり、そうした両者の要求が合致したところに協力はあったといえる。結果、前記のように小池支持派の大勝利のうちに都議選は終わることとなった。こうした小池の勝利を支えてきたのは、「小池劇場」と呼ばれるカリスマ的な指導者に対して、好意的な報道を続けることによって作られたメディア環境が影響していたことは言うまでもない。こういった小池の姿勢に、報道側から初めて疑問符がつけられたのは、都議選で勝利した後に「二元代表制の両輪を一人の人間が占めるのはどうか」という懸念が提起された際であった。小池は当初は問題がないという姿勢であったが、7月3日に都民ファーストの会の代表を辞職することで、それ以上、自身に対する批判的報道が続くことを抑えることとなった。このことも、これまでテレビのキャスターなどを務め、メディアを熟知していた小池ならではの対応ということができた。

国政への胎動：「日本ファーストの会」の試み

　小池にとってみれば、都政を意のままにすることは、最後のゴールではなかったのであろう。むしろ、自らが立ち上げた地域政党である都民ファーストの会に行動を束縛され、その行動を批判されるよりは、より自由に行動できるように代表を辞し、外からコントロールすることのほうが好都合であったといえる。つまり、小池は都民ファーストの会とも完全に関係が切れたわけではなく、特別顧問として都議会における党の行動について「にらみ」をきかせる位置を獲得し、腹心の都知事特別秘書の野田数《かずさ》を再び代表に据え、自らが組織をコントロールすることができる位置にいることは、代表と何も変わりがないものであり、むしろ好ましいものであったといえるかもしれない。

　小池は、この都議選直後の7月3日の記者会見では国政進出について必ずしも強い意欲を見せることはなかったが、国政選挙に進出する準備は、小池サイドでは水面下で行われていたのであった。こうした動きの一部が表面化したのは、小池の側近であった若狭勝衆院議員による7月13日の「日本ファーストの会」の立ち上げであった。若狭は、来るべき衆院選を念頭に、都民ファーストの会を母体として、国政への進出を目指す団体としてこの「日本ファーストの会」を立ち上げ、具体的に国政への進出を試みることとなった。この「日本ファーストの会」は、若狭の主宰する政治塾である「輝照塾」を中心として、当初は将来の候補者を募るという戦略を立て、活動するということとなった。

　しかしながら、この若狭主導の都民ファーストの会を母体とした国政党化の動きは、当初から不安を抱えていた。というのも、この「日本ファーストの会」は、あくまで若狭が主体となったものであり、小池がどの程度かかわっていくかは不透明なものであったからである。若狭は、検事や弁護士として、これまで法曹界においてはキャリアを重ねてきた。しかし政治家としてのキャリアは、２０１４年の第47回衆院選に自民党の比例東京ブロック単独候補として立候補を行い初当選し、そして、２０１６年の小池の都知事への転出により空席となった衆院東京10区の補欠選挙に鞍替えを行い、自民党公認として当選したのみであった。

若狭はそうした意味では、政治家としてのキャリアもまだ３年に満たず、小選挙区での当選経験は一度しかないという政治的な経験の不足が指摘されてもいたのであった。やはり、経験豊富な小池の国政政党への関与が、その政党の成否を決めるといっても過言ではなかった。この若狭の輝照塾は、9月10日に塾生の面接を実施し、9月16日には塾が開講され、約２００人の塾生の参加をみることとなった。この開講日には小池が講師として招かれて参加した。そこからは小池人気にあやかりながら、国政政党の立ち上げを行っていきたいという意図のにじんだものとなっていた。こうした若狭の新党結成への動きには、8月8日に民進党に離党届を提出し、10日に受理され無所属となっていた細野豪志衆院議員も連携し、9月11日には小池、若狭、細野が会談するなどの動きも見せていた。

しかしながら、小池はこの若狭主導の国政新党への動きとは一線を画していた。小池は若狭主導の「日本ファーストの会」には、役職者として参加する意志のないことを表明していた。それにはすでに、小池には、自らが主導する国政政党のアイデアがあったからである。この時点では明らかとなってはいないことであったが、小池は、国政政党のアイデアとして「希望の党」という名称を、２０１７年の2月にすでに取得していた。このことから小池にとっては自らが中心となる国政政党の青写真は、第二幕の都議選のはるか以前のその時点から、構想として持っていたと見るべきであろう。そのために、小池はたとえ腹心といえども、自らが主導するものではない国政政党の新たな試みには、消極的な態度を示していたと見ることができる。こうした小池の企図が日の目を見ることとなるのは、日本の政治が大きく動く9月17日の報道によってである。この日に安倍晋三首相が、臨時国会の冒頭での解散を意図しているということが、各種メディアにおどることとなったのである。

衆院の解散と新党の形成：既存の野党第一党の選挙アリーナからの消滅

安倍首相は、２０１７年前半の通常国会においては、自分の周辺にかかわる森友学園問題や加計学園問題に関する野党からの追及に苦しんだ。これらの疑惑を強く否定すればするほど、さらに疑惑を招く結果となり、通常国会の冒頭では国民の高い支持率を誇った内閣支持率は低下していった。それに加えて、自衛隊のＰＫＯ日報問題、組織的犯罪処罰法の改正などの異なる問題に関しても、閣僚の不注意な発言がなされる中、輪をかけて内閣の求心力は低下していった。そのもっとも低下した時点で行われた選挙が都議選であっただけに、都議選で落選した候補者からは「（国政の問題で国会議員が）脇が甘い」から自分たちが落ちたのだといった恨み節さえ聞かれるほどに、都議選は都政のあり方を問う選挙というよりは、国政の影の下にあった選挙といった感が強いものであった。しかし、通常国会の後、都議選が終わり、8月3日に首相が「仕事人内閣」と命名した内閣改造を行う中で、徐々に森友・加計の問題は過去のものとして色あせていき、7月24、25日の閉会中審査の後、問題の当事者である閣僚が職を去った後の8月10日の閉会中審査で、新たな閣僚が答弁に当たるに及んで、有権者に時間の推移を印象付けることとなった。そうして徐々に国会の閉会中に、内閣支持率の下落も下げ止まり、9月初頭の世論調査では復活の兆しを見せるようになってきた。

また、内閣支持率の回復に寄与したのは、内閣改造だけではない。野党第一党の民進党の動揺も大きなものであった。先に述べた都議選の結果は、首相を追及してきた野党にも、大きな変化を及ぼした。というのも都議選で大きく負け越したのは、与党自民党だけではない。野党第一党である民進党も、2016年の参院選と都知事選後の、2016年9月に蓮舫参院議員が新たに代表に就いた。選挙の顔を期待された蓮舫新代表だが、新代表の下でも民進党の支持率が回復せず、その結果、2017年都議選に関しては求心力を持つことができず、公認予定の候補者が民進党ではなく、都民ファーストの会の公認へと走ることとなった。結局、何とか20人を超える候補者を擁立したものの、当選者は5人にとどまる惨敗を喫し、東京都選出の蓮舫代表の責任を問う声も出ていたのであった。蓮舫は、執行部の入れ替えでこの批判を乗り越えることを意図し、代表続投の意志を見せたものの、新幹事長人事が難航する中で最終的に7月27日に辞意を表明することとなった。こうして、民進党は新たな代表の選出過程に入っていったのであった。この民進党内の変動は、森友・加計問題に関する世間の関心をさらに鈍化させていくものであった。民進党はこうした中で、党の再生をかけた代表選挙に臨むこととなった。この選挙には前原誠司と枝野幸男の2人が立候補し、党内の保守対リベラルの一騎打ちといった様相を見せた。9月1日の臨時党大会における投開票の結果、前原が新代表として選出されることとなった。こうした国民不在の党内抗争は、一時的に国民に、森友・加計問題を忘れさせるのに十分な時間を与える帰結をもたらした。

安倍は、この機会を逃さなかった。内閣支持率が回復基調にある状況の中で、野党民進党が新体制となり、選挙準備が整う前に選挙を行う決断をしたのであった。安倍の決断の背景には、単に目の前にある既存の野党第一党の変動だけが見えていたのではなかった。むしろ、直前に行われた都議選の結果こそ、選挙を急がせたものであったといえるのではないだろうか。すなわち、

「小池旋風」によって都議会自民党を押しのけて躍進してきた都民ファーストの会の国政進出という脅威であった。都民ファーストの会は都政を対象とした地域政党であるが、小池の腹心である若狭を中心とした国政政党形成への動きがあり、そうした動きを横目で見ながら安倍は、解散、そして衆院選へといたる政局を組み立てていったと考えられる。この機会を逃せば、国政にも「小池・若狭新党」である日本ファーストの会が、都民ファーストの会を母体として進出していく時間的猶予を与えてしまうこととなる。9月に入り政治塾で候補者を集め始めた段階で機先を制して解散を決めれば、小池・若狭新党である日本ファーストの会の国政進出を食い止めることができるというメリットもあった。

安倍は、衆院解散を決断した。解散の表明は、9月28日の臨時国会の、開会に先立つ25日に行われることとなった。この日は18日から北朝鮮問題に関する訴えを行う目的で国連総会出席のために、22日まで訪問しているニューヨークへの外遊から帰国した翌週の頭に当たり、帰国直後に表明することとなった。

希望の党の立ち上げ：小池主導の国政新党の誕生

こうした安倍の動きに対して、小池も敏感に反応した。小池は、首相が衆院解散を表明する9月25日というまさに同じ日に、国政新党の立ち上げを宣言する日程をぶつけてきた。小池の新党構想である「希望の党」はこの日、初めて日の目を見ることとなった。小池はテレビという媒体をよく知っている。テレビは時間を消費する広告媒体である。この日に新党を立ち上げるというニュースを意図的に打ち上げることで、安倍のメディア露出時間を意図的に少なくし、安倍に使うのと同じぐらいの時間をテレビの報道は、自分の新党の設立に割くであろうことを予想していた。ワイドショーであれば、むしろ女性初の都知事である自分のほうが、注目度が高く、ニュース・バリューがあることも熟知していた。この「希望の党」の名称は、小池が主宰する政治塾の「希望の塾」に由来する。ここには、「国政新党の中心は若狭、細野ではなく自分である」とする小池の意図が見える。日本ファーストの会を立ち上げてきた若狭や連携している細野は、この小池の決定を受け入れるしかなかった。この「希望の党」は27日に結党記者会見を行い、小池と14人の国会議員で船出することとなった。これには民進党を離党した議員のほか、自民党や日本のこころを離党した議員、かつて存在したみんなの党、国民新党に所属した議員などを集め、ひとつの党派の離脱者に偏ることのない印象を与えるように苦心したことが窺える。しかし、その中心は民進党の離党議員であり、元民進党色の強い政党であった。

ところで、突然の解散、そして衆院選に対して国政新党を立ち上げることにした小池にも懸念材料は存在した。選挙を行うための候補者、そしてそれを支える組織と資金が、十分ではないということである。支持率は高く、好感を持って有権者には捉えられているものの、選挙体制はいまだ整っているとは言いがたいものであった。そこで選挙を戦うための候補者、組織と資金を獲得することが喫緊の課題となった。

突然の解散、そして衆院選の動きに準備態勢ができていなかったのは、何も小池の新党だけではない。新代表として前原を選出したばかりの野党第一党、民進党も同様であった。新代表として選出されたとはいえ、前原の船出は順風満帆というものではなかった。前代表の蓮舫が、その幹事長選びで元の民主党政権時代のネガティブなイメージを想起させる元首相である野田佳彦を任命したことは、多くの有権者の失望を招いてしまった。このことは、前原に対してひとつの教訓を与え、党の実務、選挙を取り仕切る幹事長には新しい顔になる人物を選択することを目指したのであった。そこで白羽の矢が立ったのは山尾志桜里元政調会長であった。前原は就任直後の9月2日に幹事長を山尾に内定し、清新なイメージを民進党に吹き込むことを企図した。しかしながら、週刊誌による疑惑報道により前原は山尾の執行部への起用を断念し、最終的には山尾は民進党へ9月7日に離党届を提出することとなったのであった。この「山尾ショック」は、前原民進党の出鼻をくじくものであった。そこで、前原は衆院選に向かって安倍政権打倒のための新しい試みを模索することと

なった。その新しい試みとは、支持率の高い小池と連携することであった。

同じ日本新党から国政の道に入り、組織と資金はあるものの支持率の低い民進党の前原と、支持率は高いものの組織と資金の存在しない国政新党を立ち上げる小池が、選挙を前にして接近をすることにはそれほど抵抗はなかったと考えられる。前原は、24日には民進党議員合流後の新党代表に小池を据えて選挙に臨む意向を固め、25日には民進党の支持組織である連合の神津里季生会長を説き伏せ、26日には民進党が希望の党に議員単位で個別に合流する最終調整を行うことを希望の党と合意し、党解散の日である28日に臨むこととなった。前原は、この国会冒頭解散の日の午前に常任幹事会で、民進党としては候補者を擁立せず、希望の党に公認申請を行い選挙に臨むことを提案、了承された。この案は午後の両院議員総会で、満場一致で採択され、民進党は参院に組織としては残るが、選挙後にそれも希望の党への参加を目指すこと、そして衆院選の予定候補は衆院選においては「解党」に近い形で、個別に希望の党の公認を待って選挙に臨むことが決定されたのであった。

こうして総選挙直前に、野党第一党は選挙のアリーナから消滅することとなった。いずれにしても衆院は解散され、実質的に選挙に向かって走り始めることとなったのであった。（次号に続く）

しらとり・ひろし／1968年生まれ

「一票の格差訴訟」の現状と問題点
―自己の裁判体験を振り返りつつ―

森野俊彦
あべの総合法律事務所弁護士（元裁判官）

1 はじめに

平成29年10月22日に行われた衆議院議員総選挙では、自民・公明両党が圧勝し、安倍晋三首相が意図する憲法改正の道筋がにわかに現実性を帯びてきて、護憲勢力をあわてさせている。その一方、少なくない人々が予期せぬ結果に敗北感や無力感で打ちひしがれていた翌23日の月曜日、一票の格差を訴えてきた弁護士らは、いち早く、同選挙は無効であるとの訴訟を全国の各高等裁判所（※1）に、一斉に提訴した。

※1 通常の裁判では「三審制」が採られているが、選挙の効力を争う裁判は公職選挙法204条の規定により、高等裁判所を第一審とする。

上記弁護士らはこれまで参議院議員通常選挙を含めて同種の訴訟を数多く手がけるなかで、ときに高裁で画期的な、民主主義の原点を想起させる判決を得たり、あるいは上告審である最高裁判所の少数意見のなかに光明を見出せる論理を発見したりしてやや安堵することはあるものの、結局、昭和60年の違憲判決を獲得して以後は、最高裁の多数意見によってその請求をすべて排斥され続け、その都度徒労感を味わってきた。それにもかかわらず、投票日の翌日において、各地の高裁にもれなく選挙無効訴訟を提起した彼らの持続する志と不屈の闘争心には、心から畏敬の念を抱くとともに、ひそかに応援の拍手を送ってきた。しかしながら、必ずしもその見通しは明るくない。

なぜなら、較差（判例ではこのように記すことが多いので、以下、主としてこれに従う）だけに限れば、今回の衆議院議員選挙当日の有権者の較差は、辛うじてであれ1対2以下に収まっていると推定されるから、これより較差の大きかった平成26年12月選挙（1対2・129）について平成27年11月25日に言い渡した判決で違憲としなかった最高裁が、今回の選挙について違憲判決を下すことはおそらくないと予想できるからである。

以下、限られた紙幅であるが、裁判官の現職時代、1度目は主任の陪席判事として、2度目は裁判長として一票の格差訴訟に関与した経験を踏まえて、同訴訟の現況と問題点について、思うところを述べてみたい（以下、判決例については叙述に必要な限度で適宜挙示するにとどめ、網羅的でないことをあらかじめお断りしたい）。

2 立法府（国会）の裁量を重視・尊重する最高裁判決

最高裁判決の特徴として挙げうるのは、議員定数の配分について立法府の裁量を大幅に認めてきたことである。それは、議員数の配分を立法政策の問題とした昭和39年2月5日の判決は当然として、その後の判決にしても判文を一読するだけで容易に看取できるのであり、立法府に対する遠慮といってもよいくらいだ。ところが、昭和51年4月14日、最高裁は、昭和47年12月10日実施の衆議院議員選挙（当時は今と違って、いわゆる中選挙区制が採られていた）について、「憲法の番人」という職責に覚醒したかのごとく（実は国会は選挙後の昭和50年に公職選挙法を改正し、最大較差を1対2・92に縮小させていたのであるが）、次のように判示して違憲判決を下した。

投票価値の不平等が、国会において考慮しうる諸要素を斟酌《しんしゃく》してもなお一般的に合理性を有するものとは考えられない程度に達しているときは、正当化すべき特段の理由がない限り、憲法違反となる。本件選挙における約1対5の偏差は、選挙権平等の要求に反する程度になっており、また憲法上要求される合理的期間内に是正されなかったものと認めざるをえない。

もっとも、選挙区の較差は違憲だとするも、いわゆる「事情判決の法理」（※2）により選挙は無効としなかった。最高裁及び下級審（高裁）も、それ以後、定数配分についてこれが違憲との判断を下すことはあっても、後述する高裁判決を除いて選挙の無効を宣言することはなかった。

最高裁昭和51年判決は、画期的なものではあったが、国会の裁量権を否定したものではもちろんなく、国会は「公正かつ効果的な代表という目標を実現するために適切な選挙制度を具体的に決定することができる」裁量権を有しており、投票価値は、「原則として、国会が正当に考慮することのできる他の政策的目標ないし理由との関連において調和的に実現されるべきものと解さなければならない」との立場、すなわち、基本的には国会の裁量権を尊重すべきものとしたのであった。

前記最高裁昭和51年判決の判文に「合理的期間」という言葉が出てくるが、これが存外曲者なのである。すなわち、ある時点で定数配分が憲法の選挙権の平等の要求に反する程度に至っていたとしても、「憲法上要求される合理的期間内におけ

※2 行政事件訴訟法31条1項の規定を選挙訴訟に用いた法理のこと。規定は以下のとおり。
「取消訴訟については、処分又は裁決が違法ではあるが、これを取り消すことにより公の利益に著しい障害を生ずる場合において、（中略）処分又は裁決を取り消すことが公共の福祉に適合しないと認めるときは、裁判所は請求を棄却することができる。この場合には、当該判決の主文において、処分又は裁決が違法であることを宣言しなければならない」

る是正がなされなかった」といえなければ、違憲状態であっても違憲ではないとされるのである。ここにいう「違憲状態」とは、結論的には「合憲」判断のひとつなのだが、「違憲」の一歩手前とされ、国会は「合理的期間」のうちに是正することを求められる。そして是正されないと違憲とみなされ、選挙のやり直しが命じられる可能性があるのである。

このことに関連して、私が陪席として関与した事件（大阪高裁 昭和57年2月17日判決・『判例時報』1032号19頁）を紹介したい。

対象となったのは、昭和55年6月22日施行の衆議院議員選挙である。当時の議員定数配分規定は、議員一人当たりの有権者の最大区と最小区との格差が3・95対1に達していたので、われわれの合議体としては、上記最大格差が示す人口偏差約4対1というあまりにも著しい不平等は、非人口比率的要素やある程度の政策的裁量を考慮に入れてもなお、一般的合理性を有するものとは到底考えられないとして、投票価値の平等原則に明らかに反するものと認定した。そのうえで、定数配分規定は昭和50年に改正された当時でもすでに約3対1の格差が存在し、右改正以後の昭和50年の国勢調査の結果等により人口変動の状態が把握できたのに本件選挙のときまで約5年間にわたって何らの改正がなされなかったのであるから、本件規定は憲法上要請される合理的期間内にその是正がなされなかったものと認めざるを得ないと判断した。

衆議院選挙がのこしたもの

実は、この事件の主任であった私は、議員の定数配分については議員のよって立つ存在基盤に係ることである（正当な選挙によって選ばれてはじめて議員となる）から、国会の裁量権を最初から当然に認めてしまうのは問題ではないかとの意見を述べたのだが、裁判長から「それなりに正当な意見であると思うが10年早い」と一蹴された。おそらく、裁判長はそのような文言を入れなくても、この件は違憲であることは明らかだし、最高裁も憲法違反の判断を支持するものと確信していたので、私の意見を採用しなかったのではないかと推測している。

ところが、最高裁（昭和58年11月7日判決）は、較差については「平等の要求に反する程度」に至っていたとしながら、

①昭和50年改正により、昭和51年判決によって違憲と判断された投票価値の不平等は一応解消されたこと

②較差が選挙権の平等の要求に反する程度に達したとされる場合にあっても、国会が速やかに適切な対応をすることが必ずしも期待し難いこと

③人口の異動は絶えず生じ、その結果、右較差が拡大する場合も縮小する場合もありうるのに対し、議員定数配分規定を頻繁に改正することは実際的でも相当でもないこと

④本件選挙当時における較差の最大値は昭和51年判決の事案におけるそれを下回っていること

などを総合して考慮すると、合理的期間内における是正が

されなかったものと断定するのは困難である、とした。

以上の説示を読んで、国会が是正しなかったことに無理からぬものがあったと思う人はどれくらいいるだろうか。むしろ、なぜにここまで最高裁が立法機関の怠慢をかばう必要があるのだろうかといぶかる人が多いのではなかろうか。そして、さらに問題なのは、こうした最高裁の合理的期間についてのスタンスは、それ以後今日に至るも基本的に変わることなく、ほとんどすべての判決で維持されてきているのであって、私にいわせれば、国会に対する「気兼ね判決」以外の何ものでもないのである（この「合理的期間の法理」については詳述する余裕がないが、不明確性ゆえに問題があるとする憲法学者も少なくない）。さらに付言すると、その根拠のひとつに、最高裁が直前の判決で違憲判決をしなかったことを、国会が是正努力をしなかったことの正当化事情に挙げるなどしており（平成21年8月30日施行の選挙を対象にした平成23年3月23日判決では、平成19年6月13日判決がいわゆる一人別枠方式を含む選挙区割りについて違憲としなかったことを立法府に有利に斟酌している）、立法府と裁判所間で傷口のなめ合いというか、馴れ合っている感が否めないのである。

3 一人別枠方式の合理性を巡る判決について
——かたくなな最高裁

その後の一票の格差訴訟の展開もつぶさに見ていけば興味深いものである（例えば、最高裁は昭和60年7月17日には「合理的期間内に是正が行われなかったものと評価せざるを得ない」として2度目の違憲判決を下した）が、本稿では時代を一気に下らせて、いわゆる一人別枠方式（小選挙区比例代表並立制）（※3）を採用した選挙が対象になった平成11年11月10日判決及びそれ以後の裁判例に着目したい。

平成11年判決の多数意見は、衆議院議員選挙区画定審議会設置法3条2項が一人別枠方式を定め、人口の少ない県に定数を多めに配分しているが、同時に同条は、選挙区間の人口較差が2倍未満になるように区割りすることを基本とすべきことを定め、投票価値の平等にも十分な配慮をしていることなどから、最大較差2・309倍は昭和51年判決が示す基準の程度に達せず違憲ではないとした。

これに対して5裁判官の反対意見が出ているが、なかでも福田博裁判官が別立てで示した反対意見が興味深い（※4）。福田裁判官は次のようにいわれる。
①投票価値の平等は、2倍を大幅に下回る水準に限定されるべきであり、事務処理上生ずることが不可避な較差など明白に合理的であることが立証されたごく一部の例外が極めて限定的に許されるにすぎない

※3　衆議院議員選挙区画定審議会設置法は、当時、次のような区割り基準を定めていた。すなわち、3条1項で各選挙区における人口較差が2倍以上にならないことを基本とし、同条2項において各都道府県にあらかじめ1議席を配当し（これが一人別枠方式）、残りの議席を人口比例で各都道府県に配分することを求めた。

※4　福田博『「一票の格差」違憲判断の真意』ミネルヴァ書房、2016年。山口進、宮地ゆう『最高裁の暗闇』、朝日新聞出版、2011年。

②他国の投票価値の平等は厳格であり、今日では、2倍の較差は到底適法とは認められず、可能な限り1対1に近接しなければならないとするのが、文明社会における常識となっている

③一人別枠方式については、「過疎への配慮」は有権者数に見合った選挙区の統合、または議員総定数を増加して対処すべきであるし、都道府県を連邦制下の州とみて現選挙区を平等に優先させる考えは、憲法に明文がない以上採り得ないなどの理由で正当ではない

福田裁判官は外交官出身で、最高裁に入る前は「投票価値の平等」など全く考えていなかったが、最高裁判事になると決まったのち入るまでにアメリカの文献や憲法判例などを読破した結果、民主主義における投票価値の重要性を再認識し、上記意見を表明することになったと述懐されている。そして、※4に挙げたインタビュー記事のなかで、そこまでに至る過程での担当調査官とのやりとりを披露されているが、前例踏襲に固執する最高裁調査官とそれに反発する福田裁判官の応酬が極めておもしろい。

私は、後記のとおり一票の格差訴訟に関与することになった際、直前の最高裁判決における泉徳治判事の少数意見を何度も読み返してはその趣旨を何とか活かそうとあれこれ考えたのであるが、福田裁判官の少数意見についてはなぜか見落としていた。仮に、判決作成前に同意見を精読することができていればもっといい判決が書けたのではないかと思うと残念でならない。

福田裁判官の最後の反対意見は、参議院議員に係る選挙訴訟であるが、このとき登場したのが、泉徳治判事である。泉判事は、最高裁事務総長を経験した、いわば最高裁の中枢を歩んできたキャリア裁判官であるが、いきなり平成16年1月14日判決で、福田裁判官とともに反対意見を述べている。参議院議員に関するものであるが、反対意見の最後の箇所を読んだときの感激を忘れることができない。判事は次のように言われる（※5）。

「民主主義のシステムが正常に機能しているかどうか、国民の意思を正確に議会に届ける流れの中に障害物がないかどうかを審査し、システムの中の障害物を取り除くことは、司法の役割である。議員定数配分の問題は、司法が憲法理念に照らして厳格に審査することが必要であると考える」

泉判事は※5に挙げた退官してからのインタビュー記事のなかで、前記叙述は、国民に対するというよりも、裁判官の皆さんに対する私の呼びかけだったと述べているが、その当時、私はまさに後輩裁判官である私たちに対する激励のように受け止めたことを覚えている。

※5 泉徳治『一歩前へ出る司法』、日本評論社、2017年。

さて、泉判事は、一人別枠方式を厳しく批判し、同方式を採用して定められた選挙区割り規定は違憲であると主張したが、最高裁の多数意見（平成19年6月13日）は、泉判事の意見に賛同せず、これを合憲とした。泉判事は結局、最後まで反対意見のまま、平成21年1月退官された。

4　一人別枠方式の合理性を巡る判決について
——新しい流れと再度の後退

平成21年8月に実施された衆議院議員選挙については、専ら一人別枠方式を包含する区割り規定の合憲性を争点とする訴訟が全国各地で提訴された。高裁判決は、最高裁平成19年6月13日の多数判決に従い合憲とするもの、違憲状態とするもののほか、同判決における泉判事らの少数意見の影響もあってか、4つの裁判体で違憲判決がなされた（もっとも、事情判決により選挙は有効とした）。久しぶりに、選挙訴訟が活況を呈したのである。

私が裁判長として関与した福岡高裁判決（平成22年3月12日判例集未登載）は、前掲泉少数意見を全面的に採用したうえ、一人別枠方式は、平成14年の改正当初から区割り規定が（正確にいうと、その前提となる平成6年の区画審設置法それ自体が）違憲であると判断した。その要旨の核心部分は次のとおりである。

国会が、選挙制度の骨格ないし大枠を決定するに当たっては、ことの性質上、国会に相当広範囲な裁量権を認めて差し支えないし、憲法も許容するものとみてよいけれども、ある選挙民の投じた一票が他の選挙民が行使した一票と遜色のないものであること、すなわち、ある選挙民が投票に託したその意思が他の選挙民と同等の価値をもって（つまりは公正に）選挙結果に反映されるかという点については、基本的には「誰もが過不足のない一票」を理念として出発すべく、実際の投票価値の平等を完全完璧な形で実現することは不可能であるとしても、その理念を没却することは許されないと考える。したがって、国会といえども、この点についての裁量の範囲はおのずから限定されるべきである。

昭和57年、すなわち上記判決の約28年前に主張したけれども当時の裁判長から「10年早い」として採用されなかった、国会の裁量権を基本的に認めないとする考えを、自ら言い渡すことになった判決のなかで表明しえて感無量の思いであった。しかしながら、最高裁は平成23年3月23日、理由は異なるものの違憲判決をした他の高裁判決について、例の「合理的期間の法理」を適用して、合憲判断をなした。

平成24年12月に衆議院議員選挙が行われ、これについて当然ながら選挙無効を求める訴訟が提訴された。前回以後の国会の対応等から、多くは「違憲だが選挙は有効」の判決がなされるだろうと予測されていたところ、広島高裁は、平成25年3月25日、区割り規定は違憲であるとしたうえで、

①民主的政治過程のゆがみは重大で憲法上許されない事態で、憲法の規定に反する区割り規定に基づいて施行された選挙は無効

②区割りの改正作業が始まっていることなどを勘案し、選挙無効の効果は本年の11月26日の経過をもって発生する

との判決を言い渡した。その興奮がまださめやらぬ翌26日、同じ広島高裁岡山支部が高裁本庁判決を一歩進めて何らの猶予を設けず岡山二区の選挙無効を宣言した(※6)。もとより確定しなければ無効の効果は発生しないが、それでも国の心胆を寒からしめるに十分であった。

国は、当然ながら上記違憲無効判決を含め、違憲とされた高裁判決に対して上告したところ、最高裁は、平成25年11月20日、これまで同様、合理的期間の法理により合憲としたが、その理由は以下のとおりである。

国会が、一人別枠方式や選挙区割りが違憲であると認識したのは、平成23年の最高裁判決の時点。違憲状態の解消のため一人別枠方式を定めた規定の削除と0増5減による定数配分の見直しが行われた。今回の選挙では間に合わなかったが、本来の任期満了までに、今年の改正法が成立し、人口較差を2倍未満に抑える選挙区割りの改定が実現した。要するに、23年判決を受けて、是正の実現に向けた一定の前進と評価できる法改正が成立していたといえる。

再び較差が2倍以上となる可能性が高く、一人別枠方式の構造的な問題が最終的に解決しているとはいえないが、今回のような漸次的な見直しを重ねて実現していくことも、国会の裁量による現実的な選択として許される。

私には到底、説得的な理由とは思えないが、どうであろうか。平成26年12月14日衆議院議員選挙が施行され、これについての最高裁判決が平成27年11月25日になされたが、ここでも合理的期間の法理により、違憲判決は回避された。今回(平成29年10月)提訴された訴訟の見通しが、下級審はともかくとして(それもかなり厳しいが)、最高裁では明るくないと述べた理由がおわかりになるであろう。

5 終わりに

本来なら、衆議院議員選挙とは別の問題を有している参議院議員選挙についての投票価値の平等についても相応の比重をおいて論ずべきであるが、すでに紙幅をオーバーしていて、論

※6 同判決の裁判長であった片野悟好《のりよし》判事は、その年(平成25年)11月28日、同じく広島高裁岡山支部で、同年7月の参議院議員選挙(最大較差4.77倍)で、参議院議員選挙で初めての無効判決を出している。普通なら躊躇してしまう「無効」でも一度出してしまうと、抵抗感がうすれるのであろうか。もちろん私は積極的に評価するものであり、当時勤めていた龍谷大学客員教授の肩書で「定数配分だけでなく選挙区割りから根本的な見直しが必要なのに、国会が何もしていなかったという単純明快な論理で(違憲無効とされたもの)で、素晴らしい判決」とコメントした(京都新聞 平成25年11月28日夕刊)。

じる余裕がない。その重要性に鑑み、ひとことだけ触れると、最高裁はかねて、参議院議員については地域代表的性格、半数改選制・偶数定数制などを理由に衆議院議員選挙の場合よりも人口比例の要素を後退させてきたが、平成24年10月17日判決を契機に投票価値の平等を重視する姿勢を明らかにしたばかりか、都道府県を各選挙区の単位とする仕組みを維持することは困難として、立法裁量を制約する方向を示して、相応に前進したことは確かである。しかしながら、結局は、「合理的期間の法理」で違憲状態の判断にとどまっている。一方、国会は最高裁判決を受けて、平成27年、鳥取・島根と徳島・高知を「合区」としたうえ、選挙区定数を10増10減する改正を行ったが、最高裁は平成29年9月27日、これらの措置を評価して合憲判決を下した。この判決には、弁護士出身の裁判官が違憲（鬼丸かおる裁判官）ないし違憲状態（木内道祥裁判官）、前駐英大使の林景一裁判官が違憲状態、元内閣法制局長官の山本庸幸《つねゆき》裁判官に至っては違憲無効とするなど、行政官のほうが厳しい姿勢を示していることが注目される。参議院については、合区をもとに戻そうとする改憲の動きや、二院制の下で衆議院と参議院がどのように役割分担するのか、そもそも現在、参議院の存在意義はあるのかという本質的な課題も抱えており、論ずべき問題が多いが、他日を期したいと思う。

翻って、衆議院・参議院とも一票の格差問題は、訴える側においても判断する側においてもやや手詰まり状態になっているように思われる。原告側からすると、論点はすでに出尽くした感があるうえ、かなりのところまで被告側を追い詰めたとしても、結局のところ「合理的期間の法理」でせいぜい違憲状態どまりの判決で終わってしまう。「違憲状態判決」が次の選挙までの間の抜本改正を促す警告になればいいのだが、裁判所側がその気で判決しても、国会は、党利党略もあって平行線の議論に終始し、選挙間近になっての小手先・弥縫《びほう》的改正でお茶を濁すということの繰り返しである。これを解消するにはどうすればいいか。裁判所が、例えば「合理的期間の法理」の適用をより厳格にするとか、広島高裁本庁が採用した、一定期間後に選挙を無効とする「将来効判決」（※7）の活用等がさしあたり挙げられようが、私自身は、何をおいても、この種の訴訟を担当する裁判官の意気込みに期待したい。ことは民主主義の基礎ないし原点に係る事柄である。高裁の裁判官には、いたずらに最高裁判決に盲従することなく、新しい切り口や論理を創出してほしいし、最高裁の裁判官には、立法府に対する配慮をかなぐり捨てる気構えをもってほしいと切に願う次第である。

※7　将来効判決については、最高裁が、2度目の違憲判決の際、補足意見においてであるが言及している。

もりの・としひこ／1946年生まれ

この人に聞く⑤

村山富市 元総理大臣

「憲法は、空気みたいなもの」

田中圭太郎
ジャーナリスト

interview

昨年10月の解散総選挙では、憲法改正が争点の一つとなった。
自民党・公明党の与党が再び3分の2の議席を確保したが、
公明党は憲法改正には慎重な姿勢で、
護憲を打ち出した立憲民主党が野党第一党の議席を獲得。
憲法改正は安倍総理が目指したスケジュール通りには進まなくなっている。
憲法は、戦後、国民が70年以上にわたって守ってきたものである。
日本国憲法が公布された翌年の1947年に当時の日本社会党に入党し、
94年に自民党・社会党・新党さきがけの連立政権で総理大臣になった村山富市氏は、
改憲が争点となった選挙をどのような思いで見ていたのだろうか。
93歳になった現在も、
選挙の応援や中国・韓国との文化交流などの活動を続ける村山氏に、
いまの政治と憲法について聞いた。

大義名分がない選挙

衆議院が解散した直後、2017年9月30日の大分県臼杵市。大分2区から出馬する社民党候補の事務所開きに、大分市から駆けつけた元総理大臣・村山富市氏の姿があった。6月に足を骨折して3カ月入院し、退院したばかりだった。

村山氏は、「国会での論戦もなく、今度の解散は大義がない。安倍政権を厳しく問いたい」と声を張り上げた。

インタビューに答える村山富市氏
（大分市、2017年11月29日）

村山富市
（むらやま・とみいち 1924〜）大分県大分市生まれ。陸軍軍曹で終戦を迎える。1946年、明治大学卒業。日本社会党（現・社会民主党）の大分市議・大分県議を経て、衆議院当選8回。社会党委員長だった1994年、第81代内閣総理大臣に指名される。社会民主党名誉党首。

９条改正の是非が争点のはずが

村山　あの選挙は何のためにするのかわからなかった。政権の都合だけで解散したようなものですよ。でも売られた喧嘩は買わなきゃいかんからな（笑）。

解散する前の5月に、総理が憲法9条の1項と2項を残して、新たに自衛隊の存在を書き加える改憲案を、国会ではないところで表明したが、総理がそんなことを言うべきじゃない。自民党は、憲法を改正して、名実ともに憲法に自衛隊を明記して、軍隊を保持したいという気持ちが強いのだろう。国民のなかにも、自衛のための軍隊は当然持つべきだという意見はあると思う。だけども、日本は戦争を放棄しているわけだから、軍隊を持たない、戦力を保持しないのが憲法の基本だから、自衛隊を憲法に明記する必要はありません。国民の大多数が、いまのような自衛隊はあっていいと認めているわけだから、それでいいんじゃないですか。おそらく国民の大多数も、平たく言えば、もう戦争なんてしてはいけないと思っているのではないでしょうか。軍隊を持つ必要はない、と。

それでも与党が選挙で勝ったのは、政権が何となく安定している感じでここまできているからです。国民があまり変化を好んでいない。20代や30代の若い人に、自民党を支持している人が多いのも、何となく安定していると思っているからじゃないかな。

それと、何が政治の課題なのかを国民もわかっていない。なぜなら、国民に判断材料が提供されていないからです。まあ、その方が政権には都合がいいのでしょう。

自民党は民主主義を捨てた

村山　自民党が変わったと思うのは、派閥の力がなくなったことです。かつての自民党は派閥があって、ある意味では派閥で争って、党内の民主主義がある程度裏付けられていました。だけど派閥の力がなくなったいまは、党内の民主主義もなくなってしまいました。その原因は衆議院選挙の小選挙区制にあると思う。選挙区に1人しか当選しないから、自民党のなかで公認をもらう争いが激しくなる。政府や党の中心にいないと、なかなか公認ももらえないし、金の配分もうまくいかなくなる。自民党にとっては一枚岩になることで、集票力も強くなるのかもしれないけれど、政権党内部でいろいろな意見があって、民主的に運営されることも大事なことだと思う。

解散総選挙の前には、「共謀罪」の法案（組織犯罪処罰法改正案）を参議院の法務委員会で採決せず、中間報告で通して、本会議で成立させました（2017年6月15日）。国民にとって一番関わりが大きい「共謀罪」のような法案が、全く国民不在で、国民のみなさんがわからないまま通っていくという国会のあり方については、国民から厳しく問われなきゃいかん。国会議員は重要な法案をそのように扱うのではなくて、国民に理解できるように徹底した審議を考えるべきでしょう。

また、選挙が終わった後には、自民党が与党の質問時間を増やしてくれと主張し、実際に変わりました。与党は法案については事前に十分に議論を尽くして出しているので、ことさら質問する必要はない。国会での法案の審議は野党が主体です。与党は野党にうんと時間をあげて、質問を受けるのが常道じゃないですか。与党の質問時間を増やすことは、結局野党の時間を減らすというだけの話であって、審議の建前からすればおかしいと思いますね。昔の自民党にはそんな発想はありませんでした。

野党はわかりにくくなった

村山　野党も以前と変わってきました。いまの野党はわかりにくくなっている。かつては与党と野党の立場が、国民に明確に示されていて、どこが争点で、どのような対立をしているかがわかっていた。それが、いまは野党のなかに、与党なのか野党なのかわからないような政党が存在している。そのために、国会での与党と野党の立場が国民に理解されていない。政党の存在や、政党同士がどのように対立しているかが、国民にとって不明確になっている。これが政治が混迷している大きな原因じゃないかという気がします。

社民党候補の事務所開きで挨拶する村山氏（大分市、2017年9月30日）

解散総選挙で民進党が分裂して、新しい党ができるのを見ていて、どうして簡単にこんなことになってしまうのか理解できなかった。政治家同士の好き嫌いであっちについたり、こっちについたり。野党も大義名分が明確じゃない。何というか、リーダーの好き嫌いで人が動いていた印象だな（笑）。

立憲民主党は、憲法を守る、民主主義を守ると訴えているのかもしれないけれども、仲間が集まったような感じだ。みんな、あの人についた方がいいのか、この人についた方がいいのかと右往左往している。結局は選挙に有利だからというだけの話で、よろしくない。あまり感心しないな。もう少し、いいものはいい、悪いものは悪いと大義名分をはっきりさせないと、なぜこの人があっちに行ったのか、こっちに行ったのか、国民はさっぱりわからない。

解散総選挙は改憲が争点の一つだったが、一貫して護憲を訴えてきた社民党は、小選挙区で勝利したのは沖縄2区の1議席のみ。比例九州ブロックで1議席を確保し、改選前の2議席を守ったものの、支持を広げることはできなかった。村山氏は現在も名誉党首を務める。自身が連立政権で総理になって以降議席を減らしてきて、首の皮一枚という状況をどう見ているのか。

大切なのは働く人たちの生活と未来

村山　……難しいな。もう労働運動も大したことがない。いまは春闘とか、賃上げ闘争とかもあまり聞かなくなった。訴える中心となるテーマを何にするかをもっと明らかにして、国民にアピールできるような対策を考えていかないと。

　抽象的な言い方だけれども、大きな課題は、平和と民主主義だけは絶対に譲らないこと。この基本的な路線を明確に据えて、戦争をするような状況や、平和を脅かすことがあれば立ち上がる。これからどう対応していくかが課題になると思う。

　それと、雇用環境が安定しないと、働くみなさんの生活が安定しない。そこはもう少し、労働組合にはしっかり頑張っていただいて、どんなことがあっても労働者が働く権利と、生活と未来だけは安定させていくことが大事じゃないかな。

北朝鮮の問題は主体的に判断するべき

村山　この前の選挙でおかしいのは、北朝鮮の動きを解散の理由にしたことですよ。北朝鮮のミサイル実験に刺激を受けて、その

韓国、『朝鮮日報』が主催した国際会議に出席（ソウル、2015年5月）

ことに対応して解散総選挙をするのはおかしな話だ。北朝鮮を選挙に利用しただけ。ミサイルを打ち上げたことの抗議は堂々とすればいいだけだ。

　北朝鮮の問題は、もっと日本が主体的に判断して対応すべきだと思う。いまのようにアメリカの動きに対応してものを言い、アメリカに追随して動くのはよくない。アメリカが北朝鮮を刺激することも、間違いなら間違いと言えばいいのに、それは言わずに一緒になって北朝鮮だけに矛先を向けている。日本の立場でアメリカにものを言うことも必要です。日本の立場で判断して、対応していかなければよろしくないんじゃないですか。朝鮮半島は日本の隣ですからね。

　北朝鮮だけじゃなくて、韓国に対しても、中国に対しても、日本の主体的な立場を受け止めてもらえるような態度をとっていかないと、日本は何をしているのかということになる。よその国の顔色ばかり見て右往左往するのはみっともない。アジアが健全に発展していくためには、日本、韓国、中国の関係がどうなるかが重要です。いまの政権はこの点が希薄ですね。

アジアにもっと目を向けるべきだ

村山　総理に就任して2カ月後の94年8月に、フィリピン、ベトナム、マレーシア、シンガポールと東南アジアを歴訪しました。訪れた国の人たちからは「日本と中国の連携はこれからどうなりますか」と聞かれて、やっぱり日本、中国、韓国の連

携がどうなるのかということを、アジアの人たちは一番関心を持っていました。同時に、日本に対する期待が非常に大きかった。日本はあまりアメリカの方ばかりを向いていないで、アジアにもっと目を向けてください、という感じだった。一方で、腹の底の方では、日本は戦争の責任を果たしていない、後始末をしていない、戦争の反省を本当にしているのだろうか、といった不信の念があるように感じました。アジアのなかで日本がどんな役割を果たしていくのか、その根底には信頼関係が必要だと考えて、1年後に内閣として出したのが「村山談話」です。

「村山談話」を自民党も継承してきた

自社さ連立政権による村山内閣は、94年6月29日の首班指名選挙を経て、翌日誕生した。自民党と社会党、新党さきがけは、連立を組むにあたり「新しい連立政権の樹立に関する合意事項」に同意していた。この合意事項には「新政権は、戦後五十年を契機に過去の戦争を反省し、未来の平和への決意を表明する国会決議の採択などに積極的に取り組む」という一文が含まれていた。しかし、国会決議は、衆議院で可決されたものの、反対する自民党の議員が多数欠席。参議院では議題にもされなかった。そのため村山氏は首相談話として出すことを決めた。この時は自民党の閣僚からも異論は出ず、95年8月15日に「戦後50周年の終戦記念日にあたって」と題する、いわゆる「村山談話」が発表された。

中国、上海大学で学生たちの質問に答える村山氏（上海、2016年10月）

戦争の後始末が自分の役割だった

村山　「村山談話」は、戦後50年の節目に、一つのけじめとして出しました。94年に総理大臣になって、翌年の戦後50年の節目に総理でいるということは、歴史的な役割があるんじゃないかと考えていました。もしも役割があるとするならば、戦争に対する後始末だけはやらせてもらおう。それだけやったら、自分の役割は終わりだと思って、総理を務めることにしたのです。

10年後の戦後60年の時には、小泉（純一郎）さんも村山談話を踏襲しました。05年4月に京都の迎賓館の開館披露式典に行ったら、小泉さんが僕の隣に座っていて、「いま村山談話を勉強しています」と言ってきた。「そりゃあいいことじゃ、結構なこっちゃ」と（笑）。それで小泉さんは8月15日に、「村山談話」をさらに進めた首相談話「小泉談話」を発表した。「村山談話」も「小泉談話」も、日本の国際的イメージを改善しましたよ。

「安倍談話」は意味不明、出す必要はなかった

村山　16年10月に上海大学に招待されて、教授や学生と交流した時にも、学生からは村山談話についての質問が結構ありました。「村山談話を出した時の政治状況はどうだったんですか」とか、学生は結構率直に聞いてきます。一生懸命質問してくるので、一生懸命答えていたら、教授たちが「自分たちと話した時よりも回答がいい」とやきもちを焼いていました。やっぱり若い人たち、次の世代の人たちに、日本、中国、韓国がいい関係になってほしいと思っていますから。

それに比べて戦後70年の「安倍談話」は、二番煎じみたいなものだからね。まず主語がない。村山談話の重要なキーワードである「植民地支配」「侵略」「反省と心からのお詫び」を使っているけど、何を言いたいのかさっぱりわからない。「積極的平和主義」の意味も理解できない。あとは、いわずもがなのことを言ったような形だと思う。「安倍談話」は、そもそも出す必要がなかったのではないかな。

安保関連法に抗議して国会前で演説

第二次安倍政権は、15年8月14日に戦後70年の談話「安倍談話」を発表した。しかし、その翌月の9月19日未明、自衛隊の海外での武力行使に道を開く安全保障関連法が参議院本会議で可決され、成立した。

村山　安倍政権は平和憲法の大切さがわからなくなっている。そんな意識もないでしょう。

自民党のなかでも、後藤田正晴さん(注1)はやっぱり偉かった。僕が社会党の委員長をしている時に、後藤田さんが「ちょっと昼ご飯を一緒に食べませんか」と言うから、「いいですな、行きましょうか」と一緒に行ったことがあります。その時に後藤田さんは「自衛隊が武装して海外に出る。これだけはどんなことがあったって、阻止しなければいけない」と言いました。僕も「こっちもあなたに言われるまでもない。あなたからそんなことを言われると、僕は頼もしく思いますよ」と言って、お互いこれだけは絶対に譲らないことにしていました。

安全保障関連法の時には、僕も国会前の抗議集会に行きましたよ。

00年に政界を引退した村山氏は、15年7月24日夜、国会前でマイクを握って演説していた。安全保障関連法の廃案などを訴えた学生たちのグループSEALDs(注2)の抗議集会の場だった。

「なぜ70年間もこれまで戦争を知らずに、平和憲法のもとで、平和に暮らしてきたのか。朝鮮戦争があった、イラク戦

SEALDsの国会前抗議集会で演説する村山氏（2015年7月）

注1　後藤田正晴（ごとうだ・まさはる 1914～2005）警察庁長官を経て衆議院議員を7期務める。自治大臣、内閣官房長官、法務大臣、副総理などを歴任
注2　SEALDs正式名称は「自由と民主主義のための学生緊急行動」。2016年8月15日解散

争があった、湾岸戦争があった。日本も要請され、駆りだされました。だけども、どんな要請があっても『平和憲法があるから日本は戦争ができないんだ』と頑張ってきたんじゃないですか。それが今日の日本を作ったんですよ。それが一総理大臣が勝手に憲法解釈を変えて、合憲だといって、今、国会を通そうとしているんですよ。こんなことが許されますか。ファッショですよ。独裁ですよ。まさに暴挙ですよ」

この演説はSEALDsの中心メンバー、奥田愛基《あき》さんから直接要請を受けて実現した。

立ち上がった若者たちと共闘

村山　TBSの『報道特集』で金平茂紀さんと対談した時に、女性のディレクターが奥田君のことをよく知っていたことで、奥田君が僕に手紙を書いてきました。会いましょうと言うので、東京で会って話をして、激励しあいました。それで「一緒に街頭でやろう」と話をして、国会議事堂の前で演説したのです。「僕はここに立つのは久しぶりです」と言って、自動車に作った演壇に乗って。

SEALDsは力強く感じました。若い人が立ち上がって、平和と民主主義を守らなければいけないと訴えている姿を見たら、頼もしかった。「これが日本の平和を守っていく、この力がある限り日本は安泰だ」と。だから頑張ろうと思った。奥田君はどうしているかな。

注3　調査方法は電話による聞き取り方式（RDD方式）。対象は全国の18歳以上の男女で、有効回答数は1200。最大想定誤差±2.8％

あの時は奥さんが子どもを連れてデモに参加してくれていた。普通の人が参加するのはいい。政権は根っこでは憲法を変えたいわけだから、また戦わなければいけない時には、立ち上がらないと。声がかかったら行きますよ、命ある限り。平和憲法はシンボルだから。

平和憲法が生活を守っている

TBSが2017年11月11日、12日に実施したJNN世論調査（注3）では、「日本国憲法を改正すべき？」の質問に対して、「改正すべき」が40％、「改正すべきでない」が44％、「答えない・わからない」が16％だった。

また「9条に自衛隊を明記することについて？」の問いには、「支持する」が45％、「支持しない」が42％、「答えない・わからない」が13％。自衛隊の明記を支持する人の割合が、支持しない人を上回っている。

村山氏に、この結果についてどう思うか聞いてみた。

村山　憲法を改正すべきでないが辛うじて多いわけだね。でも改正すべきが40％いて、自衛隊を明記するという人も多い。やっぱりどこの国でも軍隊は持っているのだから、日本だって持ったって当たり前じゃないかというくらいの、軽い気持ちで言っているのかもしれないね。

だけどそうじゃなくて、いまの情勢を考えて、日本が憲法を改正して軍隊を持ち、自衛隊を明記するということが、必要か必要ないかと聞いたら、僕はやっぱり必要ないんじゃないかというご意見の方が多いと思いますよ。実際問題として、もう戦争をしてはいけないと考えている人は、圧倒的に多いだろうと思うからね。こういうのは質問の仕方だね。

政治活動を始めたのは憲法ができたばかりの時で、その頃は憲法はすごく大事なテーマだったから、みんな深刻に考えていた。いまはもう憲法のことをよく知らない人が多いんじゃないかな。日本人は憲法のことを、それほど重く考えていない。

憲法は空気みたいなもの

村山　確かに平和憲法というものを、みなさんが普段から頭のなかで考えているわけではない。日常の生活のなかで、そんなことは僕らに関係ないよ、という意識しかないでしょう。でも、

意識しているか、していないかにかかわらず、平和憲法は我々の生活を守っている。空気みたいなものじゃ。それはそれで、いいんじゃないですかね。憲法とはそんなもの。だけども、考えようと考えまいと、我々の生活というものを憲法がちゃんと裏付けて、今日の生活があるんですよ。

いまの国会議員のみなさんは、あまり憲法を勉強していないんじゃないですか（笑）。国会議員は憲法を座右の銘にして、たえず学ぶということがあってしかるべきだと思いますけどね。僕は国会議員として活動した背景にはやはり憲法がありました。

だから、日頃は憲法について考えることはないけれども、折にふれ憲法を学ぶということがあってもいいんじゃないかと思いますよ。そうすれば、何かあった時には、平和憲法を守らなければいけないという意識になってくるかもしれないから。（了）

（対談日：２０１７年11月29日）

たなか・けいたろう／1973年生まれ

放送批評を考える

放送評論を〝外から〟見る

〜『民間放送』シリーズ企画「放送を『評論』する視点とは」を始めて

本間謙介
日本民間放送連盟編集部「民間放送」記者

「放送評論」とは何か。そのあるべき姿を求め、一般社団法人日本民間放送連盟（民放連）発行の機関紙『民間放送』は、2017年3月3日号からシリーズ企画「放送を『評論』する視点とは」を始めた。評論の世界における第一人者へのインタビューをもとに、放送評論・放送批評を再考しよう、という企画である。『民間放送』で本企画を担当する立場から、そこで見えてきた現状と今後の課題を問う。

シリーズ企画「放送を『評論』する視点とは」では、これまでに写真評論家の飯沢耕太郎氏（3月3日号）、映画評論家の佐藤忠男氏（3月23日号）、音楽評論家の伊藤政則《せいそく》氏（4月23日号）、劇作家で演劇批評なども手掛ける別役《べつやく》実氏（6月3日号）に登場いただき、下半期には藤久ミネ氏（9月3日号）、松尾羊一氏（10月13日号）という放送評論の大御所に話を伺った。

この企画を始めるに至った問題意識は、期せずして『調査情報』2017年7-8月号から3回にわたり掲載された「『放送批評』の相克」で音《おと》好宏・上智大学教授が述べていることと一致している。音教授は「番組の印象批評が主流を占めるいまの状態のまま、日本の放送批評が先に進むのは、日本の放送文化の将来にとってよくないのではないかと危惧している」と提起している。そして、放送は芸術として評価されていないのではないかといった指摘や、評論家より一般人の声を気にする制作者などを問題視しているのを読み、そのとおりだと思った。何よりも共感したのは「最近は結果としての視聴率を見て、そこから論じる風潮が見受けられる。数字が高かったのはこの場面がこうだったからだと、結果論から語るのだ」との指摘だ。「視聴率至上主義に組み込まれてしまっていることが、プロの放送批評が芸術性や文化的価値に向いてこなかった原因の一つ

※1 本稿は以下『遠山一行著作集 第3巻』（1987・新潮社 p26、および巻末「初出誌紙一覧」より転載。

かもしれない」――音教授の考えに、我が意を得た思いがした。

放送評論を他分野の「評論」と比較検証

シリーズ企画を着想したのは2016年のこと。放送評論を再考する上で試みたのは、「外から放送評論を見る」という方法だった。例えば、映画は映像を使う点で、テレビととても似ている。しかし、映画は芸術として語られることが多いのに、テレビはその視点で語られることが少ないのはなぜか。だが「テレビドラマ」が演劇そのものであることは言うまでもない。舞台演劇について、テレビドラマを視聴率で〝評価〟するように観客数など「数字」から評論するのをあまり見たことがない。こうした、放送が内包するさまざまな要素――映像、音楽、演劇などで成り立っている「評論」を放送評論と比較すれば、何かが見えてくるのではないかとの考えに至ったのだ。

特に考えたかったのが「印象批評」についてである。このことに関し、私の羅針盤となっているのが音楽評論家の遠山一行《かずゆき》氏だ。彼は、大指揮者ヘルベルト・フォン・カラヤンのことを評価していなかった。『音楽芸術』（音楽之友社）1967年6月の「カラヤン再説」（※1）では「アンチ・カラヤンである」と明言している。しかし、同論考の中で遠山氏は「カラヤンについては、数年前、『朝日ジャーナル』という雑誌に、かなり長い文章をかいたことがある。（中略）ここで改めて論じるのは無駄なくりかえしということになりかねないが、それにもかかわらず、私は、やはり書いてみたいという気持をおさえられない。（中略）彼の芸術は、ようやく完成に近づいたらしい。それにいどみたい、というのは、批評家のありふれた欲望にちがいはないのだけれども――。」と吐露している。そしてこの論考にある『朝日ジャーナル』（1963年12月29日）（※2）で遠山氏は「『朝日ジャーナル』の『現代人』という連載に、音楽家からだれを選ぶか、という相談をうけたとき」と書き出し、「ここに――作曲家ではなく――カラヤンという一人の演奏家をえらんで登場させるのはなぜか。それを明らかにすることは、しかしこの小論の、最後の、そして最大の目的であるかもしれない」と述べた上で、「カラヤンは、現在のヨーロッパの楽壇に、文字通り君臨する存在である」と記している。論考の中で遠山氏はアンチ・カラヤンぶりを発揮しつつ、終わりで「しかし、彼の見事な音楽演出の中で、私は現代と音楽のかかわり合いについて、多くのことを考えさせられるのである」と結んでいる。つまり、アンチの対象であっても時代との関係を論じていることに「評論」のあるべき姿を見たのだった。かように優れた評論はあらゆる分野に通じるはず――かくして評論家探しが始まった。

「評論の対象」に対する各氏の明確な視座

シリーズ企画「放送を『評論』する視点とは」に、最初に登場いただいたのは飯沢耕太郎氏。私の趣味は写真で、さまざまな写真家の作品に出会う中、アラーキーこと荒木経惟《のぶよし》氏の軌

※2 本稿は前掲書p19、25、および巻末「初出誌紙一覧」より転載。

跡を追った『荒木！』（白水社、1994年）など飯沢氏の著作を読むようになった。飯沢氏は、新人写真家の発見や育成にも意を注いでいる。彼のワークショップに参加して、若い写真家への温かい眼差しを体感し、ぜひインタビューしたいと考えた。放送の世界でも、新人ディレクターに光を当てる取り組みが多くなされている。しかし、今の放送評論に人材を育もうという意思はあまり感じられない。その違いのヒントを飯沢氏から得たかったのだ。

インタビューをして一番印象的だったのは、写真評論とは「翻訳なんですよ」という言葉だ。飯沢氏曰く「写真家の〝言葉〟はなかなか理解できないので、それを翻訳する」。また、写真について語る時、人物像を伝えるようにしていること。「嫌悪感」も大事なポイントだが、「好き嫌い」だけで終わってしまったら、浅い見方にしかならないこと。展覧会や写真集について書く時、その読者として真っ先に想定するのは、論評した写真の作家であること……たくさんの大切な示唆をいただけたと思う。

次に当たったのが佐藤忠男氏だった。佐藤氏を提案したのは、弊紙『民間放送』の西野輝彦編集長。佐藤氏の著作をいくつか読み、その中で提起されている「映画は、個人の、国家のうぬぼれ鏡である」という視点に感銘を受けた。また、佐藤氏はアジアをはじめ、世界の映画を日本に紹介している。そうしたグローバルな視点から、現在の放送評論を語ってもらった。

「テレビ批評には確立されたものや読み方の常識みたいなものがまだ足りないのではないでしょうか」――大変厳しい指摘だ。また、映画批評で大切なのは、世界を極力正しく広く、深く理解しておくこと、いろいろな国の知らない映画を好意的に観ることと、映画は嘘をつくこともあるとの常識を持つことをプロとして心がけているといった話は、佐藤氏からしか伺えないことだったように思う。映画をこき下ろすことで有名というアメリカの批評家を「私はむしろ、アメリカの観客はどうしてこんなに批評家を信用しているのだろうと心配してしまいます」とさらりと語る佐藤氏にはただただ頷くばかりだった。

音楽評論の分野では、ロックの批評で名高い、伊藤政則氏に登場いただいた。私は伊藤氏の大ファンだ。例えばイギリスの「U.K.」というバンドのファーストアルバムでの解説。「名作である。そして、美しい。醒めきった大人のロック。酔わせてくれる。ブリティッシュ・ロックと大英帝国に敬意の気持を傾けた貴重なアルバムである」――学生時代にこれを読んで、このアルバムを買って本当に良かったと思った。そうした手に入れた人が嬉しくなるような「対象への愛情」をぜひ聞きたかったのだ。

伊藤氏の話はアーティスト＝評論の対象への愛情を裏付けるものだった。「曲を作った人の考え方や背景が透けて見えるような音楽が好きなんです」「失敗作と言われるアルバムもあるけど（中略）彼らの心境などが分かると全然聞き方が違ってくる。僕はそういうところまでどんどん入り込みたいんです」。また、イギリスのあるへヴィメタルバンドが80年代に若者に支持された背景を、当時の英国の政治状況から語り、取材に裏打ちされた「プロ」の視点を知った。

ドラマをめぐっては、別役実氏に語っていただいた。最近のテレビドラマに対するコラムやコメントで「リアリティを感じられない」「視聴者の共感は得られないのではないか」などのフレーズを散見する。私はこれらが何なのかを別役氏に尋ねたかったのだ。ちょうどその頃、「別役実フェスティバル」と題し、別役氏の劇が多く上演されていた。そのひとつを観に行った時、現実ではあり得ない展開にもかかわらず引き込まれていくのを感じた。他方、別役氏は著作『ベケットと「いじめ」:ドラマツルギーの現在(作家の方法)』(岩波書店、1987年)で、〝不条理劇のドラマツルギー〟から現代のいじめのメカニズムを解こうと試みている。ここでは「演劇というのは、ドラマツルギー——演劇のメカニズム、演劇の構造をもっておりまして、それが時代に対応してどんどん変化するものと考えられております」と話している。こうしたドラマと時代との関係も含め、話を伺った。

別役氏からは「違和感をもたらしながら、現代的である、という両義性を備えたせりふをいかに見つけるか」「『皮膚体験による共感』が重要」などの至言をいただいた。また、差別用語の問題にも触れ、「無難に済ませようとして、すべてをなくしてしまうと、肉声が持つデリカシーまでもが消えてしまう」と指摘し、言葉との格闘を促している。

放送評論家も指摘する「時代性」とは

4人の話を伺った後、放送評論家の意見も聞きたいと、藤久ミネ氏、松尾羊一氏にインタビューした。2人の話で特に印象的だったのが、放送の持つ時代性だ。藤久氏は、テレビは芸術性よりも、まずは現実との〝通路〟として日常に入ってきたと表現。報道性を帯びたメディアだとの考えを示され、ドラマについても「〝現代〟を報道するという意図をどこかに垣間見せるせりふのないドラマはテレビ的でないように思います」と述べている。松尾氏もテレビに対し「その時代が読めるような『形』が現れる。テレビにはそんな〝読む〟リテラシーという面があるのではないでしょうか。視聴者もテレビを〝読んでいる〟はずです。人々が世相を補足する上で、テレビは非常に有効な手段です」と語っている。

2人の話を強く感じる機会があった。『民間放送』の2017年8月23日号で、日本民間放送連盟賞(民放連賞)の歴史を紐解く企画記事を書いた時だ。この民放連賞という名称になったのが、半世紀前の1967年度からであることにちなんだ企画だった。受賞作やカテゴリーの変遷を調べていくと、「時代」が見えてきたのである。受賞作のタイトルからは「伊勢湾台風」「エンタープライズ入港」といった、その時の社会問題や重大な出来事が見えてくる。カテゴリーにおいても、そもそも民放連賞の前身となる「民放祭CMコンクール」は、戦後日本でスタートした「広告放送の発達に資するものとして」特筆されるべきものだったと、『民間放送』1953年5月号に記されている。

私は、「放送評論」と番組コンクールは表裏一体をなすものと考えている。松尾羊一氏も「民放連賞をはじめ、いろいろな賞があります。そういうところで作品論でもコンテンツ論でも何でもいい、『これだけはおれに言わせろ』というような意見を交わし、信用を築く心意気がほしい」と述べている。

番組コンクールでは震災関連の作品が数多く受賞

そうした番組コンクールに表れる「時代性」に関し、「東日本大震災」で触れておきたいことがある。芥川賞、直木賞、野間文芸賞、読売文学賞の2011年以降の受賞作を調べてみた。芥川賞は、2017年上半期の沼田真佑《しんすけ》『影裏《えいり》』でようやく「震災文学」と呼ばれる作品が受賞。被災者の心境に迫ったと言える作品では、2013年上半期の同賞候補作、いとうせいこう『想像ラジオ』がその年の野間文芸新人賞を受賞している。震災がモチーフとなった作品ではこのほか、芥川賞で北野道夫『関東平野』が2012年下半期に、直木賞で真山仁『コラプティオ』が2011年下半期にそれぞれ候補作となったが、受賞には至っていない。なお、両賞の公式ウェブサイトでは、候補作は直近のもの以外、記録に残っていない。2013年度の野間文芸賞受賞作『未明の闘争』について、作者の保坂和志氏が「『小説執筆期間中に起こった三・一一について、あなたはどう考えているか?』と訊かれたら、これがそのまま答えだと思う」と話しているなど（『現代ビジネス』2013年10月1日）、震災が何らかの影響を与えた作品があるのも事実だろう。ここで提起したいのは、これまで東日本大震災を直接題材にし、かつ賞の頂点に選ばれた小説が少なかったのではないか、という点である。

なお、ノンフィクションは大宅壮一ノンフィクション賞で森健『「つなみ」の子どもたち　作文に書かれなかった物語』（2012年）、船橋洋一『カウントダウン・メルトダウン』（2013年）が、講談社ノンフィクション賞で大鹿靖明『メルトダウン　ドキュメント福島第一原発事故』（2012年）、眞並恭介『牛と土　福島、3・11その後。』（2015年）がそれぞれ受賞している。

一方、放送では、2012年の日本放送文化大賞で、テレビ東京『大震災から1年　ドラマ特別企画「明日をあきらめない…がれきの中の新聞社」～河北新報のいちばん長い日～』がテレビのグランプリに。同作品は同年の東京ドラマアウォードで単発ドラマ部門のグランプリにもなっている。また、2014年の同アウォードの同部門グランプリ、テレビ朝日『テレビ朝日開局55周年記念　山田太一ドラマスペシャル「時は立ちどまらない」』は2014年度文化庁芸術祭賞テレビ・ドラマ部門大賞、2013年度放送文化基金賞のテレビドラマ番組最優秀賞などのほか、コンテンツ見本市MIPCOM 2014で、世界のバイヤーが選ぶ MIPCOM BUYERS' AWARD for Japanese Drama も受賞した。文化庁芸術祭賞では2013年度のテレビ・ドラマ部門でNHK『特集ドラマ ラジオ』が、2014年度のラジオ部門でエフエム福岡のラジオドラマ『鉄の河童』が大賞を受賞。また、2013年度にはNHK『連続テレビ小説「あまちゃん」』がギャラクシー賞テレビ部門の大賞などに輝いた。このほか、紙幅の関係で書き切れないが、東日本大震災を扱った数多くのドキュメンタリーや放送活動が番組コンクールで大賞を獲得している。放送番組の制作者が直ちに「震災」を題材にし、審査員がそうした作品を選び続けたことは特筆してもいいと思う。

放送評論のあるべき姿を求めて

このように放送は時代と向き合い、日本人の文化や生活に寄与し続けてきた。先日、大学の図書館で1953年発行の『放送評論』という雑誌を見つけた。発行は「日本放送聴視者連盟」。この創刊号しか所蔵されておらず、その後の動向まで調べられなかったが、民放が始まってすぐにマス・コミュニケーションと視聴者とのあり方を考えようという動きがあったことは確かなようだ。今の「放送評論」はこうした歴史や文化に応えているのか——その疑問の答えはまだまだ先のようだ。『民間放送』はまだ、文学や娯楽、教育などの評論家を取り上げていないし、音教授も問題視する評論と視聴率の関係ももう少し掘り下げてみる必要がありそうだ。さらに、制作者の立場から「放送評論」を見ることも重要だと考えている。シリーズ企画「放送を『評論』する視点とは」を不定期でも続け、豊かな放送評論を育む一助になることを願ってやまない。

ほんま・けんすけ／1972年生まれ

放送批評を考える

ジャーナリズムと内部監査の幸福な結婚

稲井英一郎
元TBSテレビ ワシントン特派員
内部監査士

ジャーナリズムは眠らない

ニューヨークの愛称に「眠らない街」という言い方がある。英語では〝City never sleeps.〟という蠱惑的《こわくてき》な響きだが、意味するところは、24時間常に何かが起きているニューヨークの街が眠りにつくことはないというものだ。

これをジャーナリズムに当てはめてみると同じことが言える。24時間、世界のどこかで常に何かが起きており、ニュースを伝える報道機関、つまりジャーナリズムが眠りにつくことは許されない。世界で、それぞれの国で、次から次へと複雑な出来事、想像を超えた事件・事故が現れては、私たちの日常の暮らしを駆け抜けていく。

では、「眠らないジャーナリズム」は絶え間ない時代の変化にうまく対応して、有益なハードニュースやニューズストーリーを市民社会に提供しているのだろうか。この問いかけには色々な批判や賛意が出る。

総じて、うまく機能していると考える人。番犬（ウォッチドッグ）の役目がおろそかになっていると懸念する懐疑論者。マスコミは上から目線だ、と反発するネットユーザー。市民社会に寄り添っていない、と批判するメディア論の専門家や学者。

そして残念ながら、これらの評価は平行線のごとく交わることはない。ジャーナリズムの定義と理論化がなされていないからである。定義がないから、それぞれ、異なる好みの物差をジャーナリズムに当てはめる。

「ジャーナリズム」や「ジャーナリスト」という言葉は今や最も気軽に使われる用語の一つであり、インターネットの様々なサイトでも〝××ジャーナリスト〟という自称の肩書があふれている。

参考までに、ジャーナリズムという言葉の意味は英英辞典では次のようになっている。

【オックスフォード現代英英辞典】the work of collecting and writing news stories for newspapers, magazines, radio or television

（新聞・雑誌・ラジオ・テレビでニュース記事を集めたり執筆したりする仕事）

これらはいずれも、いわゆる4マス媒体において報道されるものを意味しているだけで、定義というよりは実態面を表したものだ。

一方、世界的にジャーナリズムを実践している報道機関では、どのようにその意味を謳っているのか。

英国BBCや米国CBS、ニューヨークタイムズのホームページを検索してみたが、明確な定義は見当たらなかった。ただし、それを意味するような指針が記述されていた例はあった。

【NEW YORK TIMES : Standards and Ethics】

The core purpose of The New York Times is to enhance society by creating, collecting and distributing high-quality news and information. Producing content of the highest quality and integrity is the basis for our reputation and the means by which we fulfill the public trust and our customers' expectations.

（ニューヨークタイムズ　行動基準および倫理規範

ニューヨークタイムズ紙の主目的は、高品質のニュースと情報を生み出し、収集し、伝えることによって、社会の向上をはかることである。最高水準の品質を備え完全に統合された記事内容を制作することは、当紙の評価の基礎となり、人々の信頼および顧客の期待にかなう手段となるものだ。）

CBSのニュース基準でも、「最大の責務は、市民一人ひとりが、ニュースをもとに自ら判断し、民主主義が本来の機能を果たしていくために重要なあらゆる事実や視点を、人々に提供していくことにある」、とされている（『テレビジャーナリズムの作法　米英のニュース基準を読む』小泉哲郎著、花伝社）。

これら、世界的に一流と目されている報道機関が示した内容は、組織としての目的明示であり、ジャーナリズムそのものの目的や定義を著したものではない。

ビル・コヴァッチらが執筆した著名な『ジャーナリズムの原則』（*The Elements of Journalism*）では、序文のなかで、ジャーナリズムが「広告、娯楽、それとも電子商取引だろうか。プロパガンダ《宣伝》なのか。これらが複合したなにか新しいものなのか」にとってかわられるという危惧を示し、ジャーナリズムの目的を遂げるための9つの原則をかかげた。ただし、これらは行動原則であり、理論化とまで呼べるものではない。

つまりジャーナリズムという概念は、理論的な「不」定義状態が続いているのだが、これまでは報道機関が過去半世紀に築き上げた一定の秩序が保たれていたため、ジャーナリズムの品質をめぐる諸問題が表面化する機会は今ほど多くなかった。

しかしインターネットとSNSの爆発的な普及によってメディアが多種多様化し、いわゆるフェイクニュースによる大いなる混乱が生じている現在、従来の「不」定義を放置したままでは、何が正しいニュースか説明できない時代に入ってしまったと筆者は考える。

豊洲新市場報道にみるジャーナリズムの欠落部分

実例を豊洲問題にみてみたい。

小池都知事が予定通りの移転を取りやめたことをきっかけに、テレビと新聞、ネットでも盛り上がった豊洲新市場の土壌汚染対策をめぐる報道では、建物の下で盛土が行われなかったことや、従来の対外説明になかった「地下空間」をめぐる一連の疑惑報道が、〝豊洲叩き〟と言うべき状況を生み出した。

筆者が〝豊洲叩き〟とも呼ぶ現象とは、豊洲新市場の計画・開発・建設をめぐる、客観的な根拠が乏しい怪しげな指摘や疑惑も、報道するマスメディア側が検証なしに報じる傾向が強まり、都知事側の主張に沿って番組や紙面の多くが豊洲関連ニュースに割かれるようになったプロセスを指す。

たとえば、地下水の安全性を議論するときに、多くの関係者

は飲料水としての環境基準で判定した。豊洲新市場の地下水位をコントロールするために汲み上げられた地下水は、有害物質を軽減・除去した上で海に流す。この水は、飲料はもちろん清掃用途にも使用しないのに、多くの関係者は、飲料用とした場合に健康上有害とならない基準に沿って議論をし、安心できないという移転批判派の指摘を伝え、それを聞いて不安を感じた都民の声を放送などで伝えた。

ある政党調査団や報道記者はリトマス試験紙を地下ピットにあった溜り水に浸し、試験紙が高いアルカリ性濃度を示したと問題にしたが、その濃度はアルカリ泉質で有名な温泉よりも低いものに過ぎなかった。

建物の地下水のモニタリング調査でベンゼンが計測されたときもニュースになった。しかし、そもそもベンゼンは煙草の煙にも含まれている。市場関係者で日常的に喫煙する人たちの健康被害と比べて、いったい何がより問題なのか、科学的な説明はなく、〝人体に有害なベンゼンが計測された〟という断片的な情報がニュースとして繰り返し伝えられた。

移転判断を先送りにした都知事側と移転批判派、そしてその動きを当初は後押しする形で報道したマスメディアの相乗効果により、本来は不要だったはずの多額の費用が使われることになった。

2016年11月7日の移転予定日以降にかかる新市場の維持

費は、1日約500万円であることを小池都知事が会見で明らかにした。また2017年4月に、補償金として52事業者に対する初回分9億円の支払いが決まったと都が公表した。損失補償では、東京都によると約500事業者から相談が寄せられているという。今後、補償金総額が数倍から十数倍に膨れ上がることは必至だろう。

このため東京都は「29年度補正予算」として50億円を計上することを2017年2月に明らかにしたが、この金額は同年3月分までの積み上げに過ぎず、4月以降分は入っていない。

さらに豊洲への移転を取りやめた場合、東京都が明らかにした数字では、これまで市場整備のため調達した企業債(2018年3月時点で約3600億円見込み)の早期返済、国庫から受けた交付金(約200億円)の返納と、返納額に年10・95パーセントを乗じた加算金支払を求められることになる。

築地市場跡地の売却収入で相殺されない限り、一般会計から独立した中央卸売市場会計(築地も含めた11市場の事業)のバランスシートが大きく毀損するだろう。

市場会計が独立的に維持できなくなった場合、一般会計からの補塡が必要となり、それは築地と直接関係のない都民から集めた税金が、都政の判断ミスと築地関係者救済のために投入されることを意味する。

このように豊洲報道において露見したジャーナリズムの欠落部分とは、納税者からみた税の使途が適正かという点がまず挙げられ、独立採算となっている市場運営事業の継続性という会計の視点はそこにはなかった。〝安心・安全〟という主観的な評価軸に判断を委ね、科学的裏づけのないニュースを出し続けた結果、豊洲問題の早期解決は遠ざかり、都政の費用を必要以上に増やし、豊洲という土地の風評被害をもたらした。

そこには、社会に貢献するというジャーナリズムの志や、目的を果たそうとするジャーナリストたちの専門職としての正当な注意は見当たらない。

ポスト・トゥルースの時代にこそ必要なジャーナリズムの理論化

政治の世界では、事実云々よりも情感、価値観に訴える「ポスト・トゥルース」(脱・事実評論)である方が統治に有効と考える、トランプ大統領のような政治家が出現してきた。

ネットにあふれるメディア論は、トランプ大統領の登場をきっかけに注目された「フェイクニュース」をめぐり喧《かまびす》しい。その中でジャーナリズムを論じる専門家ほど、フェイクニュースへの関心は高く、その裏返しとしての「ファクトチェック」論の展開も目にする。ただしそれらの議論は、フェイクニュースを出す怪しげなサイトと自分たちのメディアを、ネットユーザーに識別してもらわなければ、収益事業が危うくなるという企業防衛意識に基づいて展開されていることが多い。

フェイクニュースによって人々の投票行動が変えられ、民主主義が脅かされるという懸念が示されることもあるが、フェイクに対抗する「ファクトチェック」のあり方が論じられるときに、フェイクを排除するための対症療法しか示されていないことも多く、メディアの信頼性が低下する構造要因を解明しようというアカデミズムは、まだ不十分である。

　そのフェイクニュースについて、たとえばバズフィードジャパンの古田大輔創刊編集長は「デタラメなのにまるで本物のニュースであるかのように装ったもの」と定義している（『GARAC《ぎゃらく》』2017年5月号）。

　しかし私個人としては、「報道機関のニュースの体裁を装い、意図的に虚偽の事実を伝えることを目的とした情報伝達」としておきたい。意図であることを定義することにより、不正な目的が浮かび上がるからだ。

　真っ当なニュース群をこのフェイクニュースから識別させるには、従来のニュースがより高い品質と論理性をもつようにするしかなく、そのためにはジャーナリズムそのものを理論的に精緻に定義しておく必要性が出てきている。そして精緻な理論化と、その手法に基づいた事実の伝達と検証は、情感に訴えるポスト・トゥルースに対抗できる武器になると期待される。

　もう一つ指摘したい。今の日本では、不倫などの個人スキャンダルを報じる週刊誌のスタイルが、まるで調査報道の見本のようにみなされているが、あれは多くの読者の関心を惹きつける力はあっても、単なるゴシップ報道の一類型でしかない。これも定義がなされていないから、「文春砲」なるものが、調査報道の旗手としてもて囃《はや》されるという奇妙な状況を生んでしまったと言える。

ジャーナリズムと内部監査の出会い

　ジャーナリズムの定義および理論化にあたって、私が参考にしたものは、企業や組織のガバナンスや内部統制システムが有効に機能しているかを判断する、「内部監査」の考え方や方法論である。

　長らく政治報道に従事し、また2001年にワシントン支局で同時多発テロも経験した私は、現在、勤務している会社の内部監査部門長をつとめているが、50歳台にして内部監査という概念に出会ったとき、その理論と方法論にとても刺激を受けた。

　確認されたエビデンス（証拠）をもとに、透明性をもちながら相手の主張にも耳を傾け監査を進めるその手法、プロセスが、公正、客観的かつ科学的なものであり、報道における検証活動に活用できると思ったからだ。

　アメリカで発展した内部監査理論は精緻に構築されているため、グローバル企業は当然、公的機関も内部監査機能を採り入れ始めており、組織統治の歪みや不祥事の早期発見と予防に一定の成果をあげている。しかし内部監査は初めからうまく理論化されたものではない。皮肉なものだが、重大な不正や企業不祥事が内部監査の理論化を育てたのである。

投資大国であるアメリカでは、過去に様々な粉飾決算などの不祥事が起きたが、理論化を促すエポックとなったのは、1980年代に数千社もの貯蓄貸付組合（S&L）が連鎖的に破綻した事件が挙げられる。

この出来事は株式市場を揺るがし、多くの株主や投資家に損害を与えたので、市場に企業の正しい財務情報を与える目的で、公認会計士協会や会計学の専門家が議論を続け、組織体の健全な運営のための「内部統制」という概念を定義しなおし、これがグローバルスタンダードとなった。

内部統制は、ひと言で言えば、その組織体が目的を達成するために内部を合理的に統制（コントロール）していくプロセスである。この内部統制が有効に機能しているかをチェックする活動が「内部監査」である。

そして最も重要なことは、内部監査を担う人々はその組織に属しながら独立的かつ客観的な立場を保証され、組織のシステムや内部統制のプロセスが有効に機能しているかを専門職的な見地から検証し、問題点を発見し、判定する立場であるという点だ。

そこには恣意的な評価や感情は入らない。未確認の情報は〝確認されなかった〟と明記され、客観的なエビデンスを示すことによってのみ確認できた事実に基づき、事実を検証しなければならない。監査した対象者の意見や主張もあわせて明示し、自ら下した評価結果には説明責任を負う。

財務会計や関連法規、犯罪学にもある程度通じていないと有効かつ適正な監査結果が得られないことが多いため、内部監査人には、そうした分野の知識の修得が求められる。

日本のジャーナリズムは、いずれ発表される情報を他者よりも早く入手して特ダネとして報じることが主目的の一つとなっているが、内部監査の概念とフレームワークを学んで結合させれば、これこそジャーナリズムの健全化に活かせるのではないかと気づくはずだ。

平均的な内部監査は、出来の良い調査報道に匹敵する検証活動となり得る。マスメディアを信用しない人々から「ジャーナリズムはどこにいるんだ？」と揶揄《やゆ》されることへの一つの答えがここにあるのではないか。

アメリカでは、ときに充実した調査報道が生まれることがある。カトリック教会聖職者による児童性的虐待についてキャンペーンを展開したボストン・グローブ紙の調査報道は、多数の断片情報を丹念につなぎ合わせて隠ぺいされた事実を暴きだした点で、また聖職者個人の犯罪よりもカトリック教会の不正を隠ぺいする〝システム〟の歪みに焦点をあてたことで、教会からも感謝されることになった。

同紙のバロン編集長（当時）が部下に示した取材の視点は、まさしく、システムやプロセスに焦点をあてる内部監査の手法と同じだ。彼は調査報道専従班の〝スポットライト〟チームに対し、「カトリック教会のシステムにフォーカスしろ」と迫ったという。

ジャーナリズムを定義する

以上の考え方から、個人的に試行錯誤した結果、ジャーナリズムの目的と定義の私案を示してみたい。用語や概念は、日本内部監査協会による内部監査基準等を参考にした。

【なぜジャーナリズムが必要か】

自由で公正な民主主義社会が、その掲げる目標を有効かつ適切に達成し、かつ存続するためには、同社会の統治プロセス、リスクの管理および内部における統制を確立し、選択した方針に沿って、これらを推進し、同社会を構成する人々の規律保持と士気の高揚を促すとともに、社会的な信頼性を確保することが望まれる。

ジャーナリズムは、自由で公正な民主主義社会の統治プロセス、リスクの管理および内部における統制の妥当性と有効性を評価し、その改善に貢献する。また社会環境の変化に迅速に適応するように、必要に応じて、同社会の発展にとって有効な改善策を助言・勧告するとともに、その実現を支援する。

統治プロセス、リスクの管理および内部における統制の評価は、民主主義社会の権限委譲に基づく分権管理を前提として実施される。この分権化の程度は、民主主義社会が拡大し、集団的管理が進み、社会構成組織の活動範囲が国際的に拡張するにしたがい、より一層複雑かつ高度化する。

この分権管理が自由で公正な民主主義社会の目標達成に向けて適切かつ効果的に行われるようにするためには、ジャーナリズムによる独立的な立場からの客観的な評価と、情報の伝達および検証が必要不可欠になる。

【ジャーナリズムの定義】

民主主義の健全な発展に役立つことを目的とし、妥当性と有効性、合法性と信頼性の観点から、社会の構成組織が行っている統治プロセス、リスクの管理および内部における統制の仕組みと諸活動について、ジャーナリストとしての規律遵守および誠実な態度をもって正当な注意を払い、独立的な立場で客観的に評価し、また情報の伝達および検証を行う総合的な活動である。

【基本行動原則】

個々のジャーナリストによる諸活動は、それに対する期待や活動環境の整備や充実の程度によって必ずしも一様とは言えない。このジャーナリズムが効果的に遂行されることによって、様々な社会の要請に応えることができる。

①すべての評価、伝達および検証活動は、確認できた事実に基づいて、確立された客観的な方法で行われなければならない。
②当事者ならびに関係者への直接取材により、客観的な証拠を入手、あるいは確認できるよう最大限努力しなければならない。
③ジャーナリストの諸活動には法令・規範等の遵守が求められる。また規律ある態度をもって、自らの取材報告のプロセスと結果に説明責任を負う。
なお、取材源の秘匿が合法的あるいは合理的に認められる場合は、取材源に関する説明責任は一部免除されることがある。

三つのディフェンス・ラインによる検証システムを構築すべき

今後もジャーナリズムは幾度も迷路に入るだろうし、前述の定義や目的を示したところで、多くの主要報道機関が実践しない限り、直ちに何かが変わるものでもない。

しかしジャーナリズムが迷路にはまったときに、起点となる道標がみえれば修正は可能になる。揺るぎない目的意識をもち、確立された方法論で、より高い品質の取材活動とニュースを提供できる事例が増えていけば、ポスト・トゥルースが指摘される時代にフェイクニュースが台頭しようとも、専門職としての正当な注意を払うことにより、〝本当に品質の高い報道は違う〟、という結果を示すことができるはずだ。

こうしたフレームワークが機能すれば、民主主義社会の健全な発展を阻害する要因をみつけ、取り除く、三つのディフェンス・ラインが社会に構築できると考える。三つのディフェンス・ラインというフレームワークも内部監査の概念から借用したものである。

第一のディフェンス・ラインは、当事者（組織）による日常的なモニタリング、点検および改善。

第二のディフェンス・ラインは、司法・警察・行政・市場関係者等の専門的機関（組織）による専門職的なモニタリング、点検および改善。

第三のディフェンス・ラインは、ジャーナリズムによる独立的なモニタリング、調査、情報伝達、検証活動。

この結果としてジャーナリズムは、聖域なく、権力その他の組織に対する監視ができるのであり、自らも検証して説明責任を果たせる。

ウォッチドッグによる権力の監視は目的ではなく、必然的な結果の一つに過ぎないのだ。内部監査の分野でも「内部監査は眠らない」（内部監査人協会国際本部、アンゲラ・ウィッツァーニ会長）という箴言が語られることがあるが、その意図はジャーナリズムと同じである。ともに不断の検証を行う両者の方法論が結合し、正しい理論と手法のもとに有効なディフェンス・ラインを構築すれば、「眠らないジャーナリズム」は、世界を覆う闇を少しは払うことができるはずだ。

（了）

いない・えいいちろう／1957年生まれ

「非核神戸方式」が映し出す〝日本の核〟の系譜

～今こそ問われる地方自治、憲法のあり方～

坪井兵輔
阪南大学国際コミュニケーション学部准教授
元MBS毎日放送ディレクター

**異国情緒あふれる神戸港が
核に翻弄されてきた歴史をご存じだろうか。
「非核神戸方式」成立後の1975年以降、
米艦船を1隻も寄港させなかった神戸港。
今、その平和の灯が消えかかっている。
アメリカの核が揺るがす「非核神戸方式」を守るのは、
地方自治なのか、憲法なのか。
被爆国である日本が〝負の遺産〟から、
学ぶべきこと、守るべきことが
あるのではないか。**

「喪失と沈黙、アメリカの原爆で幾重もの苦難を背負わされました。差別から逃れようと移り住んだ神戸にも米軍基地があり、戦地に向かう艦船だらけでした。でも『非核神戸方式』ができてから平和な港になりました」。貞清百合子さん(79歳)は7歳の時、広島で被爆した。忌まわしい過去を振り切り、核なき世界への希望を与えてくれたのが神戸だ。自然豊かな六甲山を背後にひかえ異国情緒あふれる美しい港町は、差別を恐れ70年近い沈黙を強いられた貞清さんを優しく受け入れてくれた。だが近年、貞清さんは港に来るたびに不安に襲われる。憂いを帯びた眼差しの先にあるのは「アメリカの核」だ。

　神戸港は安倍政権が解禁した武器輸出の目玉である潜水艦の国内唯一の建造拠点であり、国内有数の原子力発電プラント製造工場がある。この潜水艦と原子力発電(以下、原発)を架橋するのが〝軍事と平和〟、相克する役割を担う「アメリカの核」に他ならない。原発を駆動力とした原子力潜水艦は長期間潜行が可能であり、隠密性を保ったまま核攻撃能力を持つアメリカ核戦略の要だ。この原子力潜水艦の原子炉を陸地に移したのが日本の商業用原発の起源である。そして神戸港は核兵器と原発、2つの相貌を持つ「アメリカの核」と無縁ではいられなかった。第二次世界大戦後は米軍の後方支援基地となり核兵器も持ち込まれ、神戸港で製造された原発が事故を起こした。この「知られざる〝核〟の最前線」になった神戸市が、平和な港を取り戻したいと作ったのが「非核神戸方式」だ。1975年に成立した後、米艦船は今日まで1隻も寄港していない。地方自治を謳った憲法を礎として市議会が定めた行政上の手続きにすぎないが、事実上、超大国の核戦略を制約する既成事実を40年以上積み重ねてきた。しかし、今、存

1950年当時の神戸港・米軍基地

※1 The International Campaign to Abolish Nuclear Weapons：核兵器廃絶国際キャンペーン

※2 Atomic Bomb Casualty Commission：原爆傷害調査委員会

1950年当時、神戸港で戦闘機を積んだ軍艦の前に立つ貞清百合子さん

続が危ぶまれている。

2017年7月、アメリカ・ニューヨークの国連本部で開かれていた条約交渉会議で、核兵器禁止条約が採択された。また、日本の被爆者と共に尽力したＩＣＡＮ（※1）がノーベル平和賞を受賞し核廃絶への機運が高まった。一方、核保有国は核兵器を抑止力、体制保障の源泉と位置づけ核軍縮を進めない。安倍政権は核を後ろ盾とした日米同盟を強化するため憲法解釈を変更し集団的自衛権を容認、「憲法9条は一切の核兵器の保有・使用を禁止しているわけではない」との閣議決定（2016年4月1日）も行った。そして憲法改正に向けた動きを加速させる。

核廃絶は被爆者の悲願である。何故、世界にも類を見ない非核政策が無きものとされようとしているのか。非核神戸方式が映し出す「日本の核」の系譜を追った。

70年の沈黙

「母は全身から出血して悶絶しながら息絶え、妹は炭の塊と化しました」。現在、神戸で暮らす貞清さんは生まれ育った広島で被爆した。奇跡的に一命を取り留めたが、家族全員を失った。自身も鼻血、下血が止まらず幾度も死線を越えかけた。治療施設もない中、すがるような思いで米兵に助けを求めるとＡＢＣＣ（※2）に連れていかれた。毎回、裸にされて調べられたが治療は受けられなかった。ようやく歩けるようになった頃、唯一の心の支えだった被爆を生き延びた友人を失った。20歳を目前に「被爆は伝染する。近寄るな」と罵倒され苦しんだ末の自殺だった。「被爆者を差別し排除する広島では生きていけない」、貞清さんは結婚を機に神戸に移り住み、「誰にも被爆を知られてはならない」と忌まわしい負の経験を胸奥に封印した。だが逃れることはできなかった。原因不明の内出血、神経の壊死、そして相次ぐ癌により手術を繰り返した。死と隣り合わせの日々の中、過去を共有し支え合える友人が欲しいと願った。だが3500人近くと見られる神戸で暮らす被爆者の殆どが、差別を恐れ被爆を隠して生きていた。手を携えて原爆症認定訴訟に参加する人もわずかだった。何故、被爆者は沈黙せざるを得なかったのか。

どれほど神戸は「アメリカの核」と結びついていたのか。

神戸港とアメリカの核戦略

２０１７年1月1日に開港１５０年を迎えた神戸港は相克から同盟へと至る、日米関係の軌跡が刻まれている。第二次世界大戦中、アメリカは艦船、戦闘機、武器弾薬の製造拠点だった神戸を原爆投下目標として検討し、無差別空爆で破壊した。戦後、アメリカは神戸を軍事戦略拠点とし標高９３１ｍの六甲山最高峰に巨大な通信基地を設置した。

この通信基地が１９９２年に日本に返還されるまで、どのような役割を担っていたのか。兵庫県原水協（原水爆禁止日本協議会）の調査[i]では本州と沖縄、そして朝鮮戦争で南北に引き裂かれた韓国の米軍基地の間での極秘情報のやりとりを担っていたことが判明した。アメリカは北朝鮮、中国軍に核兵器の使用を検討していたことが明らかになっているが、六甲山の通信基地のレーダーがアメリカの核戦略を担ったことになる。

この朝鮮戦争が交戦権の否認、戦力不保持を謳った憲法を持った日本を変えた。アメリカの要請で自衛隊が創設され、アメリカ軍の出撃拠点になった。神戸港にも米軍基地が作られ駆逐艦や空母が相次いで寄港した。そして１９５４年、核兵器を搭載した空母オリスカニーが入港した。アメリカの核戦略は港だけに留まらない。軍需物資が集積した港には京阪神の大動脈である現在のＪＲ神戸線・片町線（学研都市線）に直結する支線が引き込まれていた。片町線は戦中、大阪城下に広がる東洋最大の兵器工場・大阪砲兵工廠や枚方市の陸軍火薬庫を経て、奈良と京都の県境、祝園《ほうその》をつないだ。現在、自衛隊が駐屯する祝園は戦後、米軍が接収し朝鮮戦争で使用する数万トンの弾薬が貯蔵された。その上１９５４年からは核兵器を組み立て・整備を担う部隊が駐留していた記録[ii]が発見された。ベトナム戦争でも神戸港はアメリカの核戦略と無縁ではなく、１９６４年には水爆搭載空母が入港した。

核との関係は軍事面だけではない。神戸はアメリカが提唱した「核の平和利用」の舞台となった。１９５４年、日本の漁船がアメリカの水爆実験で被ばくし犠牲者が出た第五福竜丸事件が起きた。日本で原水爆禁止運動が広がる中、アメリカは「核アレルギー」を抑え込むべく原発や原子力船を「平和な文明の利器」と喧伝し導入を推進した。一方、日本政府は１９５５年に原子力基本法を制定、核利用を平和目的に限定し「民主、自主、公開」の三原則を定めた。

当時、アメリカの原発開発拠点の1つが神戸港だった。もともと日本の商業用原発は、アメリカの核戦略の要

i）兵庫県原水協、1993、「非核神戸方式資料集『ROKKO COMMUNICATION SITE』」

ii）新原昭治、2002、『「核兵器使用計画」を読み解く―アメリカ新核戦略と日本』（新日本出版社）

iii) United States Pacific Command（アメリカ太平洋軍）が1984年に実施した。
（「PORT GUIDE OF JAPAN」より、NPO法人ピースデポ提供）

である原子力潜水艦の原子炉を上陸させたものである。日本は核兵器も原子力潜水艦も有しないが、技術的な親和性は高い。こうして、日本国内で潜水艦を建造する三菱重工業神戸造船所（以下、神戸造船所）は原子炉や蒸気発生器を製造し、北海道、関西、九州、四国電力など国内24基の原発プラントを建造する日本最大の原発製造現場となった。神戸造船所は使用済み核燃料運搬船も開発するなど、日本の原発政策を根底から支えている。

　このように核と浅からぬ関係を持つ神戸港をアメリカは戦略的に重要視している。実際、アメリカは1974年の接収解除後も「港湾案内」と呼ばれる綿密な調[iii]査を実施し、物資補給、医療施設の充実、そして装備修理能力などを調べ「世界最高の港」と高く評価している。

憲法の精神を体現した港湾法…非核神戸方式成立

　核兵器と原発。この〝核〟の舞台となった神戸を変えたのが憲法だった。1947年5月3日、地方自治法と共に施行された憲法には、民主主義を足元から支える地方自治の精神が刻まれた。当時の小寺謙吉神戸市長はこの地方自治を実践すべく地元の港を市に委ねてほしいと健康不安を押して政府に懇願し、直後に落命した。小寺市長の執念は、1950年、地方行政が地元港湾を管轄する港湾法として結実した。この憲法の精神を体現した港湾法こそが非核神戸方式を生みだす礎となった。だが、この憲法の適用されなかった地域がある。沖縄だ。

　戦後もアメリカに統治され核が持ち込まれ、住民は戦争と隣り合わせの日々を強いられた。この沖縄返還に取り組んだのが安倍晋三総理の祖父の弟である佐藤栄作元総理だった。佐藤は「核兵器を、持たず、作らず、持ち込ませず」との非核三原則を国是とし、1972年〝核抜き〟で沖縄の本土復帰を実現、それらの功績により、1974年にノーベル平和賞を受賞した。

　同年、神戸でさらに核廃絶を求める声が高まった。日本で初めての原発事故が起きたのだ。原発を推進力とする〝原子力船むつ〟が青森県沖で放射線漏れ事故を起こしたのだ。この原子力船と神戸港は深い関わりがあった。搭載された原子炉は神戸造船所が製造し、乗組員候補生も事故の2年前に開設された神戸商船大学（現・神戸大学海事科学部）原子動力学科で養成中だった。このような関係性から神戸港はむつの修理・回収のため、母港になってほしいと要請された。同年、さらに核への脅威を高めたのがアメリカの退役軍人ジーン・R・ラロ

Ⅳ）神戸市会会議録（1974）、並びに元神戸市議・堀之内照子氏への取材に基づく

Ⅴ）神戸市港湾局への確認資料（「戦没した船と海員の資料館」〈全日本海員組合〉調べ）より

ック氏の証言だった。「核搭載能力を有する艦船は他国への寄港に際し核兵器は降ろさない」と米議会で証言したのだ。

当時の宮崎辰雄神戸市長は反発し、市議会で「港湾法の精神に基づき神戸港を管轄する港湾管理者の立場としてこの問題が正確に解明されない以上（核搭載可能性のある）艦船入港を拒否したい」[Ⅳ]と答弁し、1975年3月18日、神戸市議会は「核兵器積載艦艇の神戸港入港拒否に関する決議」を全会一致で可決し、非核神戸方式を作った。

非核神戸方式とは非核三原則を体現するもので、神戸港に入港する外国艦船に「非核証明書」の提出を求め、提出なき場合は入港を許可しないという行政上の手続きである。この方式ができるまで神戸港には核搭載が可能な空母や駆逐艦が頻繁に寄港していた。1957年に311隻、58年に118隻、ベトナム戦争が本格化する60年から74年までに433隻[Ⅴ]が入港したが、非核神戸方式が成立以後1隻も入港しなくなった。条例でもなく何ら法的拘束力のない議会決議にすぎない非核神戸方式だが、超核大国アメリカの艦船寄港を阻む、世界でも類のない非核政策となったのだ。

非核神戸方式への圧力と評価

だが唯一の戦争被爆国でありながら、アメリカの核の傘に頼る日本政府はアメリカと歩調を合わせ、非核神戸方式への圧力を高めていった。1975年以降、神戸港に入港した核保有国の外国艦艇はフランス3隻、インド4隻でいずれも非核証明書を提出。イギリスは78年から84年に7隻が入港を求めたが、非核証明書の提出を拒み神戸市は入港を認めなかった。だが98年、カナダ艦船が提出を拒否、対応に苦慮した神戸市はバース（碇泊地）指定を行わず艦船は神戸港にある海上自衛隊基地に寄港した。この時期、大阪・神戸アメリカ総領事も「非核神戸方式の是非を議論すべき」と意見表明し、2001年は非核神戸方式が始まって以来、兵庫県下で初となる姫路港に米艦船が入港した。兵庫県は核不搭載の確認を外務省に求めたが「安保条約で定めた事前協議がなかったので非核三原則は守られている」との回答を根拠に県は入港を認めた。

現・兵庫県知事の井戸敏三氏は筆者の取材に対し「災害時に米軍支援の妨げになる非核神戸方式は首肯できない。そもそも冷戦後、米艦船は核を搭載しておらず無意味」と回答、現・神戸市長の久元喜造氏も「議会の決定である非核神戸方式を尊重するが、外交・安全保障はあくまで政府の管轄」と強調した。その政府は筆者の取材に対し「外交・安全保障は政府の専管事項であ

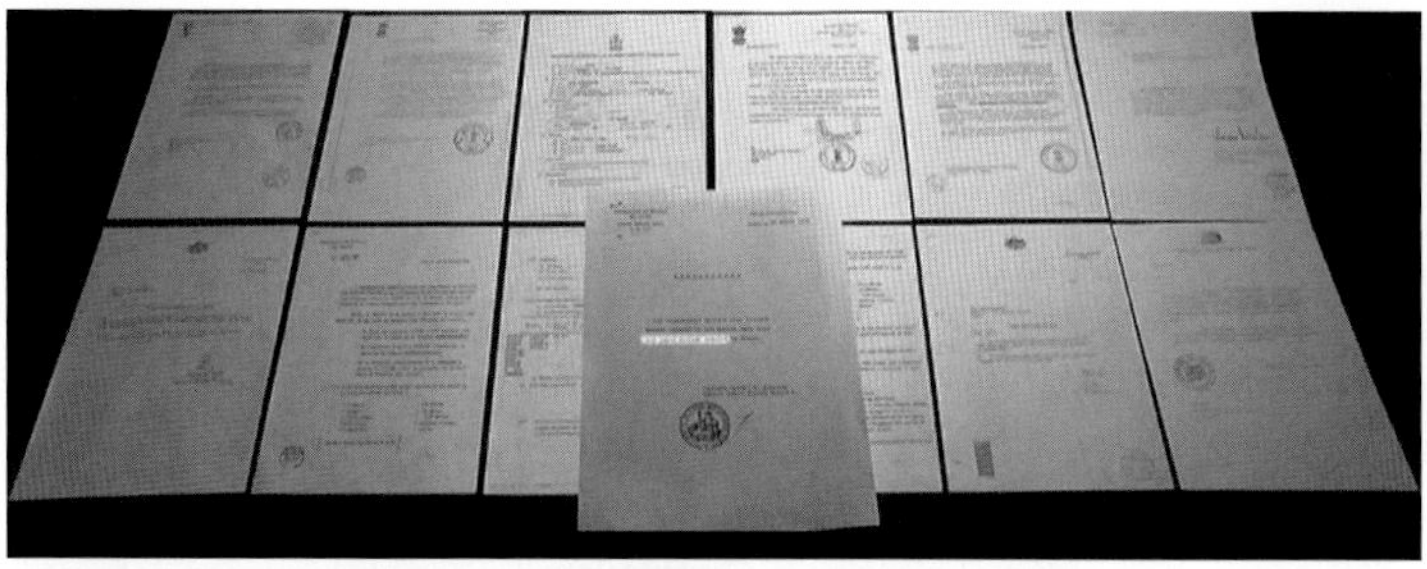

非核神戸方式成立後に提出された「非核証明書」

VI）David Lange, 1990, "Nuclear free: the New Zealand way", Penguin Books

※3 Australia, New Zealand, United States Security Treaty:太平洋安全保障条約

り非核神戸方式は地方自治体の権能を超えている。許されない」と否定した。国是である非核三原則の実践である非核神戸方式だが、導入を検討した高知港や函館港も政府圧力により断念に追い込まれた。

　だが、この非核神戸方式を評価した国がある。かつて日本と戦火を交えたニュージーランドは１９８７年に核搭載艦船の寄港を拒否する非核法を制定した。ニュージーランドは戦後の51年に、日本の軍事的台頭への懸念からアメリカ、オーストラリアと軍事同盟ＡＮＺＵＳ（※3）を締結した。だが周辺海域でアメリカなどが核実験を繰り返したことに反発し同盟国アメリカの核を拒んだのだ。アメリカは「許されない愚策だ」と激怒し外交問題に発展した[VI]。アメリカは核実験による環境汚染に苦しむ太平洋の小国が85年に作った南太平洋非核地帯条約も骨抜きにし、ニュージーランドに圧力をかけ続けた。それでもニュージーランドは屈せず、今もアメリカの核を拒み続けている。この非核法を作ったデビッド・ロンギ元首相は、首相退任後の１９９２年ごろ日本を訪問した際に、非核神戸方式への評価を語っていた。

非核神戸方式の無効化

　だが、今、非核神戸方式は法的には無効とされた。１９９９年、政府は地方自治法を改正し機関委任事務制度を廃止、上下から水平の関係を目指す原則を打ち出し、外交と安全保障は国の専管事項であり、地方自治体の関与は及ばないと定めた。これに先立ち、周辺事態法が制定され地方自治体は有事の際、港湾などの施設利用における協力義務が要請された。さらに２０１５年９月には、安倍政権は憲法解釈を変更し、平時、有事の別なく米軍の後方支援を可能にする安保法制を成立させ、非核神戸方式を法的に葬り去った。

　この安保法制の運用に欠かせない特定秘密保護法（2014年12月施行）が神戸市職員の不安を高めている。米軍は核の所在は最高の軍事機密でありＮＣＮＤ（Neither Confirm Nor Deny：否定も肯定もしない）という曖昧戦略を貫いている。その核の有無の確認を求める非核神戸方式は日米同盟の障害であり、軍事機密漏洩の強制に該当する懸念は否定できない。筆者は同法が成立すると非核証明書の存在は闇に葬られるとの問題意識から２０１３年に情報公開請求を行った。これまで存在を否定してきた神戸市だが、１９７５年の非核神戸方式成立後に提出された20枚の非核証明書を初めて開示した。関係者は匿名を条件に筆者に語った。「出すか出さないか相当な議論があった。市職員は特定秘密取扱者に指定されなかったのですが、非核証明書の開示は怖かった

「負の遺産から何も学べないのか……」
貞清百合子さん（近影）

です。市会議員や経済界から反米的な非核神戸方式を見直そうとの声が高まっています。私たちは国是である非核三原則を忠実に守っているだけなのですが、息苦しい空気が高まっています」。

負の遺産から何を学び、教訓とすべきなのか

被爆した貞清さんは非核神戸方式をアピールしない神戸市や政府の姿勢に懸念を募らせていった。そんな中、2011年に福島で原発事故が起こった。貞清さんは、住民の被ばくが連日報道される中、命がけで復旧にあたる原発作業員の被ばく許容量の基準作成に原爆被爆者が受け続けてきたABCCの調査が基礎になっていた事実を知った。2015年、突き動かされるようにABCCの後身である放射線影響研究所に、自らに関する調査記録の開示を求めた。2カ月後に届いた書面には70年に及ぶ貞清さんの生理や発育状態が詳細に記されていた。だが幾度もの発病にもかかわらず、健康に全く問題はないとされていた。

「被爆の苦しみが軽んじられている。福島では子供たちの甲状腺癌への懸念が高まっている。日本は被爆という〝負の遺産〟から何も学べないのか、そして、被ばく者への根拠のない差別が繰り返されないか」、貞清さんは涙を流しながら筆者に訴えた。

2017年10月、衆議院総選挙が行われ改憲派が勢力を拡大した。現政権の推し進める日米の軍事的一体化を憲法に基礎づけようと自衛隊や地方分権のあり方を巡る議論が熱を帯びる。市民の安全に直結する核安全保障や原発政策は政府だけの専管事項なのか、民主主義の学校と言われる地方自治はどうあるべきなのか、そして憲法は誰のためのものなのか。

「日米同盟の強化の陰でアメリカの核を否定する被爆者、原発を恐れる事故避難者が日本政府の意向に反するとして沈黙を強いられないか懸念します」（貞清さん）

70年近く被爆を隠し続けた貞清さんは今、非核神戸方式の存続に向けて署名活動を始めた。政府は非核神戸方式を許さない。核兵器禁止条約にも関与せず、日本の被爆者と共に成立に向けて尽力するICANのノーベル平和賞受賞にも手を携えようとはしない。

「私たち被爆者が亡くなった後の日本が不安です」。核なき世界に向けて日本の果たすべき役割とは何なのか。貞清さんが存続を願う非核神戸方式は、〝唯一の被爆国でありながらも、核の傘を求めてしまう〟、悲しき日本の自画像に他ならない。

視聴者から

犯罪史上に残る座間9遺体事件
被害者のプライバシーに多くの意見

鈴木宏友 TBSテレビ 視聴者サービス部

日本の犯罪史上特筆すべき事件となった神奈川県座間の9遺体事件。

「お昼ご飯中に気持ち悪いです」(30代・男性)

「肉をはぎ落としたとか言っていて、聞いていて気分がいいものではありませんでした。ずっと見ていましたが、今日はチャンネルを替えました」(40代・男性)

取材や中継に厳しい意見

これまでテレビ局が当たり前に行っていた取材・中継の行動にも厳しい意見が寄せられた。

「深夜にライブで報道する意味があるのか疑問である。周囲の生活している人の迷惑を考えずにライトをつけ報道することは、モラルに欠けて、不愉快である」(40代・男性)

「近隣住民です。とにかくこの辺りは道が狭いのに、報道陣が溢れていて迷惑です。もう少し住民への配慮もお願いします」(30代・男性)

「被害者に15歳の女の子がいて、その同級生にマイクを向けるのはどうかと思います」(40代・男性)

「日本のテレビ局って犯罪者が大好きだな。容疑者の住んでいるアパートから中継して容疑者がどういう心理だったのか分析している。大好きな犯罪者のことを何でも知りたがる。芸能人の追っかけのファンと同じだ」(50代・女性)

被害者の実名と写真公開に賛否

「被害者の顔を映してください。被害者の顔を出さないと事件が印象に残らないし、気の毒だなあという気持ちにもなれません」(60代・男性)

実名、写真の公開を望む声の一方で、被害者報道について多くの疑問が寄せられた。

「亡くなった方の顔写真を晒して報じています。こんな事件で殺された方の家族の気持ちを考えるべきです。事細かく報じる必要はないです」(40代・女性)

「衝撃的な事件なので被害者の実名を報道するべきではないです」(30代・男性)

「名前だけならまだしも、日々の学園生活の様子なども放送されています。私はこんなの知りたくありません」(50代・女性)

「被害者の顔写真が映されていましたが、これを機会に加害者、被害者のプライバシーを考えるべきだと思います」(50代・男性)

「私がもし被害者だったら、死んだ後に卒業文集や卒業アルバムの写真、友人に送った手書きの年賀状などがテレビで晒しものにされるなんて絶対に嫌だ。死んでも嫌だ」(20代・女性)

衝撃の大きな事件のため、伝える側も被害に遭われた方の取り上げ方を議論しながら対応していると聞く。時代と共に事件への寄り添い方、伝え方も変化を求められている。

さて、2017年も視聴者の皆様から毎月3万件近くのご意見をいただきました。「森友・加計」問題の扱い方や名物コメンテーターに対する賛否のご意見、ご要望などが上位にランクされました。ご意見が番組制作に上手くフィードバックされるようにしたいと考えています。

すずき・ひろとも／1963年生まれ

1000日を切った
2020年
五輪・パラリンピックへの道

嘉納治五郎による スポーツを通しての 震災復興

関東大震災直後、「精力善用・自他共栄」の精神を礎に国策としてスポーツによる復興をはかり、日本を国際的な発展に導いた嘉納治五郎《かのうじごろう》の功績を辿る。さかのぼれば、1964年の東京オリンピック・パラリンピック競技大会は第二次世界大戦の敗戦から急速な発展を遂げた日本の、国際社会への復活を示す証であった。そして、東日本大震災から10年目の2020年に開催される東京オリンピック・パラリンピック競技大会で、日本は国際社会に向けてどのような存在感を示し、どのような価値を提供することができるのだろうか。

東京で2020年に開催される第32回オリンピック競技大会、第16回パラリンピック競技大会が2年半後に迫ってきた。大会ビジョンは「スポーツには世界と未来を変える力がある。」であり、多様性と調和の重要性を改めて認識し、共生社会をはぐくむ契機となるような大会をめざしている。またこのビジョンには、復興の意も含まれている。2016年10月、トーマス・バッハIOC（国際オリンピック委員会）会長が来日した折の講演で、スポーツによる復興は、オリンピックと社会との接点を強め、スポーツの新たな価値になり得る、と期待を表明した。災害は世界各地で起こるものであり、その折にスポーツによる復興のモデルを示せたら、東京大会のレガシーとして語り継がれていくことになろう。

実は、日本においてスポーツによる復興は、今回が初めてではない。1964年の東京大会は第二次世界大戦により焦土と化した東京の復興の証であったし、さらにさかのぼれば、返上した1940年の東京大会も、関東大震災（1923年）からの復興というビジョンが含まれていた。震災直後にスポーツによる復興を提案し、実践した人物が嘉納治五郎（1860〜1938年）であった。その点について論じたい。

1）関東大震災直後の嘉納治五郎の提案

1923年9月1日、相模湾沖を震源とする大地震が起こった。ちょうど昼前で、各家庭では火を使って昼食の準備をしていたため火災が多発し、10万人を超える犠牲者を出した。

大日本体育協会（現在の日本体育協会の前身）は、嘉納治五郎の樺太からの帰京後、同年9月30日に帝国ホテルにて理事会、常務委員会を開き、嘉納名誉会長を座長として次のことを決議した。

1. 全日本選手権競技会開催の件

大震災後復興に全力を尽くすべき時に国民の士気を鼓舞するため、最も質素に東京において十一月中に選手権大会を開くこと

2. 国際オリンピック大会に代表選手を派遣する

明年の夏、パリにて第八回国際オリンピック大会が開催されるについて、万難を排して特に優秀なる競技者及び指導者を選考して派遣すること

3. 新東京に計画中の公園内に競技場設置を建議する

復興事業中に運動競技の諸設備を加えることを建議するとともに役員を送ること（※1）

オリンピックへの選手派遣は、それまで積み上げてきたスポーツ界の進歩を止めるべきではないということと、海外に日本国民の復興の意志を示すという観点から決定されたのであった。スポーツによる社会の復興を意識していたことが窺える。

2）全日本選手権競技会の開催とオリンピックへの派遣

1923年9月に予定されていた第11回全日本選手権競技会は、11月10、11日にオリンピック1次予選会として駒場の競技場にて行われた。種目は走・跳・投にわたる陸上競技21種目で、そのうち200m、400m、マラソン、低ハードル、1600mリレー、円盤投6種目で日本新記録が樹立された。この大会の優勝者のうち、嘉納賞杯（1600mリレー）や英皇太子賞杯（400m）とともに、五種競技の優勝者に、内務大臣の後藤新平（1857~1929年）がトロフィーを贈っている。後藤は帝都復興院総裁（のちに復興局総裁）として、東京の復興に力を注いだ人物であり、競技会の開催に復興への思いを託したのであった。後藤は嘉納治五郎を理解する政界人の1人であった。翌1924年の第8回オリンピック競技大会（パリ大会）で、日本選手は期待に応え、レスリングで3位になるほか、陸上競技（三段跳）や水泳（800mリレー、100m自由形、100m背泳ぎ、1500m自由形）で初めて入賞した。

欧米で人気の高い水泳と陸上競技で入賞できたことは、大きな収穫であった。

当時の読売新聞には、織田幹雄の三段跳での入賞について、「第八回の大会を忘れ得ぬものとして日本陸上競技史に止めねばならぬ」と書かれている（読売新聞1924年12月26日朝刊）。

この経験は次のアムステルダム大会（1928年）で花開く。織田が三段跳で見事、日本人初となる金メダルを獲得するとともに、鶴田義行が水泳200m平泳ぎで金メダルを獲得した。さらに、人見絹枝が陸上800mで日本人女性初となる銀メ

真田 久
筑波大学体育系教授

※1 日本体育協会編（1963）『日本体育協会五十年史』日本体育協会 p.49

ダルを獲得した。

1932年のロサンゼルス大会では、水泳5種目で金メダル、陸上の三段跳で南部忠平《ちゅうへい》が金、100mで吉岡隆徳《たかよし》が6位、馬術では西竹一《たけいち》が金メダルを獲得した。次の1936年ベルリン大会でもこの勢いは続き、これらの選手の活躍は、1940年大会の東京招致の運動にはずみをつけたのであった。

仮に1924年のパリ大会に出場していなかったなら、日本選手の国際的な活動にブランクが生じ、世界での活躍は、まだ先のことになっていただろう。織田幹雄はその著書において、パリ大会に出場した際、次のオリンピックに、三段跳に絞れば3位以内を狙えるという思いに至ったと述べている（※2）。関東大震災後に嘉納が決めたパリ大会への選手派遣が、日本のスポーツ界の国際的な発展につながったといえる。

3）スポーツ公園の建設

関東大震災の直後、前東京市長であった後藤新平が帝都復興院総裁として、広範な復興計画を立てた。後藤の復興計画は縮減されたものの、当初の計画に沿って東京市に隅田公園、浜町公園、錦糸公園の三大公園および52の小公園が造成されることになった。

三大公園には、嘉納治五郎の提案通り従来の公園にはない大規模な運動施設（プール、陸上競技場、球場、テニスコートなど）を設

けた。そして芝生地帯を多くし、レクリエーション中心の公園とする一方、運動器具を豊かに設置した児童公園としての機能も持たせた。

中でも、隅田公園は面積が5万2700坪と最も広く、ウォーターフロントを実現した公園であった。平時にはレジャーとして、緊急時には避難所として使用できるようにした。完成は1931年で、公園内にボートレースの観覧席を設け、プール、テニスコート、児童公園が設置された。

スポーツ施設については、隅田川は明治以降、ボートレース場として有名であり、明治神宮外苑で1924年に明治神宮競技大会が始まってからは、外苑が陸上競技の中心地になる一方、隅田公園を水上競技の中心にする計画が進められた。

ボートレースの観覧席とともに、並木通りの河岸沿いに広い遊歩道を設けた。艇庫後方の広場にはテニスコート二面を設けて一般市民の利用に供した。

浅草側には、縦50m、横35m、水深1・2～5mのプールを設けた。更衣室のほか、高さ12・5m半の固定飛込台及び高低を変えられるスプリングボード2台が附設された。さらには夜間でも泳げるように、照明が設置された。

水上に隣接して陸上競技場が造成され、付近の小学校の春秋の運動会にも利用された。陸上競技場は一周300m、直線コース150mの走路を設け、周囲には芝生のスタンド、メ

インスタンドの中央には、観覧席兼休憩所が建てられた。児童公園は本所側と浅草側それぞれに1箇所設けられ、14種の運動器具が設けられた。

復興三大公園のうち、錦糸公園は最も早く完成し、1928年7月18日に開園、同年12月に復興局から東京市に移管された。東京市施行の小公園は、月島第二公園が1926年8月で、最も早く開園し、1931年4月に蠣殻町《かきがらちょう》公園ほか6つの公園が開園したのが最後であった。東京復興55公園事業がすべて終了したのは、1931年であった(※3)。

これらの公園は従来の公園とは異なり、運動施設や競技場を設けたことはもちろん、下町の人口密集地域に設置したことも大きな特徴で、東京市の多くの住民を対象として造られたスポーツ公園であったといえる。

これにより、人々は様々なスポーツに接していくことになる。その様子は、1930年の新聞各紙に掲載されている。路上のキャッチボールは交通妨害になるので警視庁が厳禁としたため、市民たちは最寄りの公園でボールをかっ飛ばすようになったこと、そして、上野、猿江、隅田公園に簡易球場を造る一方、芝浦、月島、洲崎に広い球場を造る計画になったことが報じられている(※4)。

さらに1931年1月14日付けの東京朝日新聞では、上野公園にも球場とテニスコート3面を新設し、一般市民にも開放すること、不忍池にはボートを浮かべることになったと報じている(※5)。

これら以外にも、浜町公園や隅田公園のプール開きが行われ、市民が水泳を楽しむ様子や、大学のボートレースを墨堤《ぼくてい》沿いに観戦する市民の様子も報じられている。またオリンピック映画なども隅田公園で上演された。隅田公園の球場では、芝居団や歌舞伎関係者の野球の試合、区役所対抗の野球なども行われた。こうして市民レベルのスポーツが盛んになったのであった。嘉納治五郎の提案により政府や東京市の当局者が造成した公園にスポーツ施設が設けられたことは、スポーツによる都市の復興を示している。

4) 嘉納の復興の理念

嘉納治五郎の震災復興の理念とは、どのようなものであったのだろうか。1923年の関東大震災の直後、雑誌『柔道』に掲載された嘉納治五郎の巻頭言「禍を転じて福とせよ」には、「今日こそ国民が挙《こぞ》つて大なる決心を以て立つに最好の機会である」(原文は旧字)と、次のように述べている。

日本は明治維新以来、外国の文化を輸入してうまく自分たちのものにし、順調に進んで来た。内には制度を改め、教育を普及し産業を興し、貿易も発展させてきたので、至

※2 織田幹雄(1997)『わが陸上人生』日本図書センター p.102
※3 日本公園百年史刊行会編(1978)『日本公園百年史』日本公園百年史刊行会 p.205
※4 東京朝日新聞 1930年11月8日 夕刊2面「アマチュア選手のため市公園課が球場を作る」
※5 東京朝日新聞 1931年1月14日 朝刊3面「更正する上野の森　球場やコート新設」

る所に油断や自己中心主義が広がりつつある。今回の大震災を、日本人の将来のためになるよう考えねばならない。そのためには、自他共栄の考えを国内および対外方針として国力を充実しなければならない。そうすることで、世界各国から尊敬され、信頼される国になる。今後わが国民は、わが国をかくの如き位置に進めようということを理想とすべきである（※6）。

嘉納は大震災を転機として、日本人や国の政策も自他共栄を貫くべきことを訴えた。また、そのために個々人の行動をどのようにすべきかも、次のように述べている。

己の生活を立てる途を考え、それに差し支えがなければ、自己発展のためと同時に他の個人のため、社会のため、国家のため、人類のため、即ち一言にていえば他のために何をどうするがよいかということを考慮し、その最善と信ずることを遂行するのが当然とるべき道である。自分が一番良いと信じていることをしている以上は、必ず満足してそのことに当たることができ、前途に光明を見いだすことができる（※7）。

嘉納は、個人にあっても、国家にあっても、自国や自身のためのみの行動ではなく、他に尽くす生き方へ転換することを主張した。大震災前年の1922年、嘉納は講道館文化会を設立し、「精力善用・自他共栄」の考え、つまり、他者に尽くしてこそ自己完成がなされ、それにより社会や国を発展させられるとの綱領を発表していた。

外国人の中には、我が国はこういう災害にあったら必ず混乱状態に陥るであろうと予想していた向きもあったようだが、実際冷静に、この災厄を乗り越しつつある模様を見て、さすが日本人だ、これまでの修養によるものであろうと賞賛している（※8）。

嘉納はこの様子に、日本人は大震災を乗り越え、復興することができると確信していた。しかしながら、嘉納の提唱した自他共栄の道をその後の日本は歩まず、やがて第二次世界大戦へと突入してしまうのであった。

まとめ

関東大震災の直後、大日本体育協会名誉会長嘉納治五郎は、それを契機として、スポーツによる復興をはかった。東京での全日本選手権競技会の開催、翌年のパリ大会への派遣は、大震災からの復興を内外に示すものであったし、三大公園にスポ

※6 講道館文化会『柔道』（1923）2（9）pp.2-5
※7 （前掲書）pp.6-7
※8 講道館文化会『柔道』（1923）2（8）p.5
※9 Tokyo Municipal Office（1933）“Tokyo, sports center of the Orient” pp.5-7

ーツ施設を設けたことは、避難所の確保とともに、市民をスポーツに参加させる契機となった。同時に嘉納は、「精力善用・自他共栄」の考えを復興の基礎に据えた。これらは嘉納治五郎によるスポーツを基軸とした社会の復興の試みであった。

1932年7月、東京市長永田秀次郎はIOC関係者に届けた『東洋のスポーツの中心地　東京』の書の中で、東京でオリンピックを開催する意義を説明している。そこには、東京の街並みが震災を通してより堅固に美しくなったこと、道路の総面積も4倍の広さになり、なお発展しつつあることが示されている。また、神宮外苑競技場や隅田公園が整備されてスポーツ競技が盛んに行われていることも記されている(※9)。嘉納治五郎らにより進められたスポーツによる復興が、オリンピックの東京招致に関連づけられたのであった。

1940年、1964年そして2020年の東京オリンピック招致は、いずれも災害からの復興がビジョンとして掲げられている。災害が起きてもスポーツにより社会が復興できることを世界に示すことは、国際社会への貢献になる。そのためにも、2020年の東京大会における復興のビジョンを、実質的なものにしなければならない。

1000日を切った
2020年
五輪・パラリンピックへの道

さなだ・ひさし／1955年生まれ

パラリンピックから
見える東京2020 ⑤

パラリンピアンが見つめる東京2020パラリンピック
（後編）

東京２０２０パラリンピックの開幕まで１０００日を切った。パラリンピックの開会式が開催されるのは２０２０年８月25日。７月24日に開幕するオリンピックとともに準備が進められている。しかし、パラリンピックのための環境づくりは、このままで大丈夫なのだろうか。パラリンピック過去６大会で日本人最多の21個のメダルを獲得し、日本パラリンピアンズ協会の会長を務める河合純一さんは、パラリンピアンの視点から疑問を投げかける。後編では、河合さんが感じている、東京２０２０の課題について考える。

パラリンピックは「可能性の祭典」

——東京２０２０パラリンピックでは、大会組織委員会は、全ての競技会場が満員の観客で埋め尽くされることを目標に掲げています。多くの人に足を運んでもらうために、パラリンピックの魅力をどのように伝えることが必要だと考えていますか。

河合純一
（かわい・じゅんいち）
1975（昭和50）年生まれ。静岡県舞阪町（現在の浜松市）出身。15歳で視力を失う。1992（平成4）年、17歳でバルセロナパラリンピックに初出場し、以後2012（平成24）年ロンドン大会まで6大会に出場。日本パラリンピアンズ協会会長、日本身体障がい者水泳連盟会長。現在、独立行政法人日本スポーツ振興センター所属。

河合　パラリンピックを理解してもらうためにも、何といっても競技を見てもらうことが重要だと思います。なぜなら、パラリンピックの競技には、オリンピックとは違った意味が含まれているからです。

　オリンピックが「平和の祭典」と呼ばれていることを、ご存じの方も多いと思います。前身となった古代オリンピックは、紀元前９世紀頃に始まったと言われ、当時は古代ギリシャを中心にしたヘレニズム文化圏の宗教行事でした。しかし、キリスト教がローマ帝国の国教に定められたことで、３９３年の第２９３回大会で終わります。それから約１５００年後の１８９２年、フランス人のピエール・ド・クーベルタンがオリンピックの復興を提唱し、世界中の国々から賛同を得て、１８９６年にギリシャのアテネで第１回大会が開催されました。

「平和の祭典」と位置付けられたのは、2度の世界大戦の時です。第一次世界大戦中の1916年、ドイツのベルリンで開催される予定だった第6回大会は中止になりました。戦争が終結して、1920年の第7回大会をどこで開催するかを議論したときには、ヨーロッパの国々はどこも戦争の深い傷跡を残していました。そこで、戦災にあった都市に「平和の祭典」をプレゼントしようと、大きな被害を受けていたベルギーのアントワープをあえて開催地に選びました。以後、オリンピックは戦争を乗り越えて、発展してきたのです。

一方、パラリンピックは、第二次世界大戦で負傷した兵士のリハビリにスポーツを取り入れるところから始まりました。兵士が傷つきながらも生きていく日常に立脚して、発展してきたのです。障害者スポーツの父、ルードヴィヒ・グットマン博士（※1）が「失ったものを数えるな。残されたものを最大限に生かせ」という言葉を残したように、残された能力と可能性で、最大のパフォーマンスを発揮する場がパラリンピックの競技です。

日本で最も輝かしい成績を残したパラリンピアンである河合さん。東京パラリンピックを前に、海外出張や講演と忙しい毎日を送る。

田中圭太郎
ジャーナリスト

ですから私は、オリンピックが「平和の祭典」だと言うのであれば、パラリンピックは「可能性の祭典」だと考えています。パラリンピアンは日々トレーニングをして、皆さんの想像を超える卓越したパフォーマンスを見せます。そのパフォーマンスを見た人にとっては、驚きを感じることによって、障害がある人について考えるきっかけになります。競技を見てもらうことによって人の心を動かして、社会にインパクトを与え、社会を変えるきっかけになり得るのがパラリンピックだと思っています。

ただし、そのインパクトが、悪い方向に流れつつあるという懸念も出ています。2012年のロンドン大会は大成功だと言われていますが、障害のある当事者からは、むしろ能力があることが評価される社会を助長しているという声が挙がりました。パラリンピアンが注目されればされるほど、障害のある人は特別な能力を持っていて、すごく頑張っている人だというイメージが生まれます。また、パラリンピック=障害がある人といった、ステレオタイプなイメージで語られることが多くなっているのも事実です。でも、障害のある人にはスポーツが苦手な人もいますし、頑張ろうと思っても、頑張れない障害がある人もいるのです。

こうした声も踏まえながら、東京2020パラリンピック

※1　本連載1回目参照（2017年5-6月号、no.536）。障害者スポーツを世界的に普及させようと活動した。「パラリンピックの父」と呼ばれている。

は、障害があってスポーツが苦手だという人にも、パラリンピックが日本で開催されて良かったと思ってもらえる大会にしなければなりません。そのためにどうすればいいのかを考えています。

受け入れの課題は山積

——大会には選手だけでなく、多くの関係者が世界からやってきますし、日本全国からも障害がある人が応援に駆けつけると思いますが、受け入れ環境についてどのような課題を感じていますか。

河合　正直なところ、もう2年と8カ月しかないのに、大丈夫なのだろうかと思っています。私もいまは東京で生活していますが、日常生活で疑問を感じていることがいくつもあります。

1つは交通機関の問題です。障害のある人が困っているのは満員電車です。満員の電車に車椅子の人は入れませんし、押し込められて乗った結果、周りの乗客からひんしゅくを買うような形になっているのはどうなのだろうと思いますね。乗ることができたとしても、駅の職員さんが降りる駅との連絡を終えるまで、乗る前に2本、3本と電車を待つのは当たり前です。そういうことをされる人の気持ちを考えてほしいと思います。障害のある人とない人が全く同じである必要はありませんが、同じ人間として扱われているのかなと感じます。

もっとひどいのはバスです。車椅子に乗っている人は、バスに乗せてもらえないことが多々あります。ひとりでバス停にいると、停車せずにスルーされます。乗車拒否です。実際にバスに乗れなかった経験をしている人は少なくありません。もちろん、いろいろな理由があるとは思います。海外のように大きなバスを作ろうとしても、日本の狭い道幅ではうまく運転ができないという難点があり、これを変えるのは非常に難しいことは理解できます。バスの大きさが変わると、乗車と降車の位置がずれる、車庫に入らなくなるといった私たちがなかなか気付かない問題もあるでしょう。それでも、車椅子に乗っている人が公共交通機関を使えない状況を、どうやって変えていくのかは、大きな課題だと思います。

もう1つの問題は宿泊施設です。日本のホテルは、客室がコンパクトにできていて、入り口のドアが小さい部屋だと、車椅子では入ることができません。部屋に入ることができても、ユニットバスに段差があって使えないというケースが多いです。ユニットバスを作る場合、床下に配管を通せば段差はなくなるのですが、それでは手間とお金がかかるのでしょう。現状では車椅子を利用している人にとって、使いづらい部屋がほとんどなのです。

――ホテルの中には、バリアフリーの部屋を作っているところもありますよね。

河合　そこが日本の悪いところともいえます。全ての設備をバリアフリーにした部屋を1つか2つ作れば、この宿泊施設はバリアフリーに対応したと言っているのです。そうではなくて、完全なバリアフリーにしなくてもいいから、全ての部屋を車いすの人が使えるようにしようという発想が必要なのです。現状では、車いすバスケットボールの選手や関係者が来たときに、チーム全員が泊まれるところはありません。このホテルには2人だけ泊まって、次の2人はこのホテルに泊まってということでは、ミーティングもできないのです。

バリアフリーの部屋がいくつかあるというのは、あくまで最低の基準です。なぜそこで満足してしまうのかがよく分かりません。おそらく費用がかさむので、民間だけでは対応できないことを言い訳にしているのでしょう。パラリンピックの期間中、選手は選手村に宿泊しますが、関係者もたくさん訪れます。大会の前にも後にも、車椅子の選手は訪れるはずですが、いまのままでは泊まることができないのです。

あと2年8カ月しかないにもかかわらず、このような交通機関や宿泊施設の不備が、表面化すらしていないことに危機感を感じています。

そもそもバリアフリーやユニバーサルデザインは、障害がある人だけに役に立つものではありません。誰でも高齢になれば、体に不自由な部分が増えてきます。高齢化が進む中で、全ての国民にとって将来役に立つものなのです。しかも高齢化は、日本だけでなく、世界の先進国の多くがこれから直面する課題でもあります。世界有数の大都市である東京が、その答えとしてパラリンピックで何を提示するのかを、世界が注目しています。そのためにも、バリアフリーとユニバーサルデザインは、障害のある人のためにする施しではなくて、未来への投資だという視点が、いま求められているのではないでしょうか。

障害を理解するためには感性と想像力が必要

――受け入れ面の課題を解決していくためには、どのような考え方が必要なのでしょうか。

河合　障害を理解しようとしても、バスに乗車拒否されたときの気持ちとか、経験していないことは基本的に分からないと思います。それでも分かろうとするときに重要なことは、感性と想像力です。感性は分からないことをそれなりに感じてみようと思うこと、想像力はそういうときにどうすれば良くなるかを考える力です。

東京という都市は、すごく良くできたところだと基本的には思います。駅には確かに、最低限1つはエレベーターがあります。しかし、不便な場所にあることが多いです。移動が大変な人を、遠くまで移動させようという考え方はおかしいのではないでしょうか。そこに気付かずに設計するのは、感性と想像力が欠如していると思います。

ハード面以外でも、首を傾げざるを得ないことがあります。車椅子の人が使えるトイレが、駅や商業施設などいろいろな場所にありますが、他のトイレが混んでいるからといってそこに入って、なかなか出てこない人がいます。エレベーターでは、大きな荷物を持って並んでいた人が、車椅子に乗った人が来ても譲ることなく、先にエレベーターに入ってドアを閉めることがあります。点字ブロックはあるけれども、その上に立ってずっと喋っていたり、自転車を置いていたりする人もいます。これでは点字ブロックを整備した意味がありません。こんな話はたくさんあります。障害のある人のために選択肢はあるけれども、それしか使えない人にどうやって使ってもらうかといった視点がないのです。こうした感性と想像力の欠如が社会に蔓延してしまうと、非常に残念な状況になってしまいます。

もっと言えば、皆さんの職場や地域、学校、スポーツ施設などに障害のある人がひとりもいないという異常さに気付いているでしょうか。国の調査では、何らかの障害のある人は国民の約6%といわれています(※2)。それなのに、20人から30人くらいが働く規模の職場でも、ひとりもいないところがほとんどだと思います。皆さんがこの状態を、なんて不自然なんだろうと思うようになってくれたらと思います。

社会を変えるのは人の心とアクション

――社会を変えようと気付いてもらうために、あと2年8カ月でどんなことに期待しますか。

河合 社会は人の心やアクションによって変わります。アクションの連続性や、有機的なつながりによって、どこかの一点を越えた瞬間やブレイクスルーしたときに、初めて社会が変わったという認識になると思います。その認識が広がるのは、国民全体を100%としたときに、51%の人が同じ思いになったときではないかと考えています。

いま私たちが東京2020パラリンピックの成功のために訴えている活動は、自分のまわり

現役時代の河合さん。5歳の頃からスイミングクラブに通い始め、小学校、中学校と水泳部に所属。盲学校入学後はパラリンピック出場を見据え、練習を重ねた。

※2 参考資料 内閣府ホームページ「平成26年版障害者白書(概要)」第3章 障害者の状況(基本的統計より)
http://www8.cao.go.jp/shougai/whitepaper/h26hakusho/gaiyou/h03.html

にいる人たちに、障害のある人のスポーツや生活について理解してもらうといった地道な作業です。そこで、いまの状況を大きく変えることができるのは、メディアの力ではないかと思います。

私の現役時代、例えば17歳で初出場して、銀メダルを獲得した1992年のバルセロナパラリンピックのときには、取材を受けることはほとんどありませんでした。地元の新聞でも、写真どころか活字で何か書いてくれればいいほうで、記事が載っても1、2行でした。本当に25年前は、パラリンピックはほとんど扱われることがなかったので、報道される量はいますごく増えています。

ただ、メディアって何なんだろうと思うことがあります。でき上がったもの、放送されるものは、記事を書く人や、番組を作る人の思いがあって、作られているものだと思います。でも一方で、インターネットで言えば記事の閲覧数や、テレビの視聴率といった、読者や視聴者が求めているという理由によって作られているものもあると思っています。

いまメディアがパラリンピックを扱うようになったのは、東京2020が近づく中で、閲覧数や視聴率の面からも魅力的なコンテンツになったという理由が強いのではないかと感じています。

しかし、本来パラリンピックは、エンターテインメントというよりは、むしろ取材した人が感じたことや気付いたことを記事や番組にして、それを読んだり見たりした人に考えてもらったり、気付いてもらったりするきっかけを与えるコンテンツだと思っています。つまり、ジャーナリズムの視点が必要といえます。

だからこそ、東京2020に向けて社会が変わっていくためには、メディアの中でも、特にジャーナリストの力が重要だと思います。皆さんの記事や番組によって、社会はポジティブにもネガティブにも変わります。できることなら社会がポジティブに変わっていくように、皆さんの能力を最大限に発揮していただきたいと思っています。私たちができることは、企業の関係者や、イベントに参加してくれた方の一人ひとりに説明して、理解してもらうことですが、皆さんの仕事は一気に何十万人とか、何百万人の目に触れることが可能です。記事や番組によって目に触れることは、人の心が変わる大きなきっかけになると思います。

私はよく「ハードで越えられないものは、ハートで越えろ」と話しています。障害がある人も、高齢の人も、みんなが安心して、安全に暮らせる社会にするには、どのように考えて、どのような行動をとればいいのか。そのことに気付いてもらえる東京2020パラリンピックであり、開催までの期間であってほしいと思います。

パラリンピックから
見える東京2020
❺

たなか・けいたろう／1973年生まれ

メディア論の彼方へ――77

ア・デイ・イン・ザ・ライフ

金平茂紀
『報道特集』（TBSテレビ）キャスター

『サージェント・ペパーズ・ロンリー・ハーツ・クラブ・バンド』（50周年記念エディション）

I saw a film today, oh boy
The English army had just won the war
A crowd of people turned away
But I just had to look
Having read the book
I'd love to turn you on

（ビートルズ〈ジョン・レノン、ポール・マッカートニー共作〉『ア・デイ・イン・ザ・ライフ』より）

ビートルズの最高傑作アルバム『サージェント・ペパーズ・ロンリー・ハーツ・クラブ・バンド』（67年）のなかの曲『ア・デイ・イン・ザ・ライフ』は、ジョン・レノンが朝起きて読んだ新聞「デイリーメール」でたまたま目に留まった記事をきっかけにつくられた曲だ。歌詞にはドラッグの影響がみられるとされ、BBCではこの曲が放送禁止になった経緯がある。若かった頃、夢中になって聴いていた。

こころが漂流するような日々が続いている。今、この曲を聴くと、みずからのこころのなかの風景と重なる部分があるような気がする。もっとも僕はドラッグをやってはいないが。その漂流中のあるたった一日の出来事の記述の試み。私家版ア・デイ・イン・ザ・ライフ。

＊　＊　＊

視線を交わさない、私たちの社会

11月17日。金曜日。ゴミ出しの日だ。外は快晴だがちょっと寒くなった。起きて新聞を読む。日本原電の廃炉資金が大幅に不足している。原発建設費用に流用していたからだという。

原子炉にいつか寿命が来るということを考えていなかったのか。やっていることがでたらめだ。これが1面トップ記事になっていた。けれども僕には何だかピンと来ない。でたらめさに慣れてしまったのか。もう日本のマスメディアの多くが原発のことをまともに取り上げなくなってからかなりの時間がたってしまった。僕らはとっくに3・11以降に福島で起きたことを忘れてしまっているのではないか。

強く自分を戒める。だが、それよりも「天声人語」の文章が目に留まってしまった。〈目の前の誰かよりスマホを重んじるファビング。筆者の目には非礼と映るが、将来は広く社会に容認されるのだろうか〉。日馬富士の暴力事件について触れたなかでの天声人語子の述懐だ。暴力のきっかけが、先輩力士が説教をしている間に、話を聞かずにスマホをいじっていたことだということに触れての意見だ。目の前の誰かをまともに見据えて話をするような環境はもはや稀になった。きのう取材した厚木市での自主夜間中学の授業の熱気を支えていたのは、目の前の人とまっすぐに視線を交わしながらの真摯な対話だった。僕は前川喜平前文部科学事務次官のインタビュー取材のために、その厚木の自主夜間中学「あつぎえんぴつの会」にうかがったのだった。教室はとにかく「学びたい」という人のエネルギーに満ち溢れていた。素直に感動した。前川さんはそこでボランティアで教師をかってでている。すでに今年の3月から続けているそうだ。こういう人もまだこの国には生き残っているのだ。〈卑劣〉を絵にかいたようなあれらの人物たちとは対極の世界に生きている。〈卑劣〉ということ。ウソをつくどころか、加害者がいつのまにか被害者面をして喚きたてる。権力者にすり寄り、その太鼓持ちをして、おこぼれにあずかる。強い者、富める者に媚びる。自発的隷従。その〈卑劣〉さを指摘されるとやたらと攻撃的になる。

繰り返される「唯一の選択肢」

さて、今日の話に戻る。局に出て内幸町の日本記者クラブで開催される記者会見に出向く。記者を名乗っている以上、現場取材を続けるのはいくつになっても当然のことだと僕は思っている。だからこれはと思う記者会見には足を運ぶ。午後1時半からのハガティ駐日アメリカ大使の記者会見。事前に出席を登録していたのでスムーズに会場に入ることができた。トランプ大統領の訪日直後ということもあって、結構な数の報道陣が詰めかけていた。ハガティ大使が日本記者クラブで会見をするのはこれが初めてのことだ。

自主夜間中学で教える前川前文部科学事務次官

スマートないでたちで、かつて日本での駐在経験があり「知日派」を自認するハガティ大使は、「大統領の訪日は大成功だった」と自讃し「日本における私のこれまでの経験から、日米関係は磐石（Banjakuと氏は日本語でにこやかに発音した）であると言うことができます」と胸を張った。大使にしてみればその通りだろう。だが、概してお祭り騒ぎに終始したトランプ大統領の訪日報道のなかで、完全に脇に押しやられていた問題があった。沖縄の米軍基地問題だ。このことをぜひ本人に聞きたかった。さいわいなことに挙手すると指名され、僕は次のように聞いた。「大使は『磐石』という言葉をお使いになりましたが、磐石という言葉に異議を申し立てている県民がいるということを申し上げておきたいと思います。私の質問は、沖縄のアメリカ軍基地に関してです。大使は、これほど長期な、これほど根強い反対運動が、新しい基地を建設することについて存在するということについて、どのような評価をお持ちでしょうか。辺野古が唯一のオプションであるというような、日米の両首脳がすでに繰り返し言っているようなお答えを期待しているわけではありません。このような反対運動が継続していて、それを無視した形で建設を強行した場合、アメリカ軍のプレゼンスにとって将来的にはマイナスになるというようなお考えはありませんでしょうか」。随分とソフトに質問したつもりだったが、大使の表情が若干硬くなったように思った。だが少なくともハガティ大使は逃げずにきちんと質問には答えてくれた。「これまでに交渉された現在唯一の解決策は、キャンプ・シュワブを辺野古周辺に移設することです。ゆえに、これは、日本政府、沖縄県民および米軍の間で今日進めている唯一の選択肢です。沖縄を訪問して、大きな進展がみられることに気づきました。また、普天間訪問後には、この施設の移転が必要であることがよく分りました。私は、沖縄でさらに進展があり、県民の皆さんと緊密に協力し、混乱や影響を最小限にとどめるような形で行いたいと考えています。しかし同時に、この地域の安全保障に対する北朝鮮政権からの圧力が強まっている、特にこの重要な時期に、即応力を維持することも願っています」。やれやれ「唯一の選択肢」がまたもや繰り返されたか。沖縄の名護市辺野古では、日米首脳会談に先立つこと3時間前、あらたに2カ所で護岸工事が着手された。このタイミング。明確な、強固な、後戻りをしないという政権の意思表示が具体的な形になって実行された。会見場にはニューヨークタイムズのモトコ・リッチ東京支局長もいた。知己らと軽く挨拶を交わす。

記者会見が終わり、目と鼻の先にある衆議院議員会館へと向かう。『報道特集』の取材で前原誠司・前民進党代表にインタビューするためだ。頭の切り替えがうまくいかない。

「金平さん、ウソをつかれましたね」

日本記者クラブで会見するハガティ駐日アメリカ大使

総選挙前の野党の解体劇のなかで、前原氏には何度かインタビューする機会があった。彼はその解体劇の主人公の一人である。なかには「戦犯」の一人だと指摘するご仁もいる。野党の解体再編劇は、２０１７年の政治の動きの大ニュースだった。総選挙後の情勢は、「一強多弱」がますます強固になっただけだ。そのほぼ1カ月前のことだ。9月27日と記憶している。メディアで初めて民進党が希望の党との「合流」をはかろうとしているとの情報が飛び交った日だ。その日の日本経済新聞が朝刊1面に「民進、希望と合流探る」との見出しで、26日の夜、前原・小池百合子の両トップが都内で会談、合流をめぐって協議したと報じていた。各社がそのトップ会談の真偽を探ろうと必死に後追いしているなかで、さいわいなことに僕らは午後2時30分からの30分間という条件で前原氏に単独インタビューする機会を得た。議員会館の前原氏の部屋前の廊下には政治部の記者たち数人が殺気立った表情で集まっていた。その際、僕はこのインタビューは9月30日の土曜日の『報道特集』で初めて放送されること、それまでは放送しない旨説明したうえで、小池・希望の党代表(当時)とのトップ会談の真偽を質さざるを得なかった。

金平：今日は9月27日ですよね。解散の前日ですけど、26日に(小池氏と)お会いになられたんですか?

前原：お会いしてないですよ。

金平：26日ですよ。

前原：お会いしていないんです。

金平：してないんですか。

実は、この時の前原氏の返答は全くのウソだった。翌28日には僕自身はそれがウソだったことを知った。オンカメラのインタビューで公人＝公党の代表から公然とウソをつかれたという経験はそうそうあるものではない。政治家という人種は、こんなにさらさらとウソをつけるものなのか。そのさらさら度合いが恐ろしかった。あれから2カ月近くが過ぎて、僕はなぜあの時ウソをついたのかを直接前原氏本人に尋ねてみたかった。だからストレートに聞いた。

金平：前原さんと小池さんが極秘会談をやって合流する方向だっていうことを1面で書いたんですよ、日本経済新聞が。

前原：おそらく9月27日ですよね。

金平：小池さんと会われたんですかって（僕が）聞いたら、会ってませんと。それは言えなかったですか？

前原：まあ、小池さんとの話で、会ったことも言わないでおこうと。

金平：玄葉（光一郎）さんが、代議士会の日（9月28日）に（金平の質問に答えて）「会ったですよ」と言った。「深夜に会った」と。そうだったんですね。

前原：そうですね。

金平：どこで会ったんですか。

前原：帝国ホテルですね。

『報道特集』の取材を受ける前原誠司前民進党代表

金平：実は、申し訳ないですけれど、（27日のインタビューのあと）局に帰ってから「金平さん、ウソつかれましたね」ってスタッフから言われましてね。

前原：お互い、そこで約束したことはどんな場合に対してもそれで通そうと決めた以上は申し上げなかったです。

前原氏からは、ウソをついたことに対しての謝罪の言葉は一言もなかった。そしてこう明言した。「何もせずに（総選挙に）突っ込んだ場合のことを考えると、この（合流の）判断をしたことについては何の後悔もないというのが今の心境ですね」。

この日のインタビューのなかで前原氏は、合流決断に至るディテールをかなり細かく明かした。もうそれを明らかにしてもいい時期だと判断したのだろう。あるいはウソをついた罪悪感からのお返しか。そんなことはあるまい。その概要を箇条書きにすれば以下のようになる。

▼今回の合流話。仕掛けは前原氏サイド、小池氏サイドほぼ同時に始まった。9月17日の午前、前原氏から小池氏サイドにメールを送ったのが最初のアクションの起点。前原氏「このルートで話をすすめましょう」。つまり実質10日間でものごとが決められた。

▼仲介・連絡役になったのは、前原氏サイドが、玄葉光一郎衆議院議員。小池氏サイドは、議員ではない「共通の知り合い」で、このルートで頻繁に連絡をとりあった。玄葉議員を前原氏は「本当に気心の知れた政治家です」と言明した。

▼当初、前原氏は民進党議員全員、希望の党に合流させようとした。だが9月22日の協議で、小池氏が「全員来られたら困る。第2民進党と言われてしまう。そうなると共に沈みます」と発言。全員受け入れ拒絶の意向を示した。

▼具体的には、9月22日の段階では、合流の後の公認の分配は、前原氏が「民進200、希望100」と主張したが、小池氏側は「民進150、希望150」と譲らなかった。結局折り合いがつかないまま、小池氏による「排除」発言が飛び出し、事態が紛糾していく。

インタビューをしながら、僕は何だか絶望的な気分に叩き落とされそうになった。こんなにも軽く、安直に、最大野党の解体再編劇が進行していたのか、と。約束のインタビュー時間30分はあっという間に過ぎた。それにしても、希望の党の設立記者会見のために準備に追われていた京王プラザホテルから、極秘に抜け出して帝国ホテルに午後11時頃に入っていく小池氏の姿を想像すると、政治の世界のリアリズムというか、小池氏の強烈な「権力への意志」のようなものを感じざるを得ないのだ。

インタビューを終えた後、局に戻って中東取材の打ち合わせ。今回の中東取材の環境は今までになく厳しいものになりそうだ。なぜ戦場取材に向かうのか。それは戦争の悲惨さ、愚かさを身をもって知るためだ。そしてその取材結果をきちんと視聴者に向けて放送するためだ。一緒に動くクルーはその認識を共有している人たちだ。身を引き締めてかからねばならない。

「希望の党」との合流の経緯について語る前原氏

新宿歌舞伎町で原一男監督と

その後、夜の新宿・歌舞伎町へと向かう。午後7時から映画監督の原一男さんとの対談を行うことになっていた。行ってみると会場は歌舞伎町のど真ん中で歓楽街のサインがたくさんひしめいている一角の喫茶店の会議室なのだった。原さんとSさん、記録を担当する男性の計3人が待っていた。原さんは僕が最も敬愛する映画監督の一人であり、2018年3月公開の新作『ニッポン国vs泉南石綿村《いしわた》』をめぐって、小冊子をつくるために原さんサイドからお話をいただいたのだった。原さん作品と言えば、僕のなかでは何といっても『ゆきゆきて、神軍』(1987年公開)の衝撃が強烈すぎて、記憶のなかに鮮明に刻印されてしまっている。当時、入社10年目の社会部内勤記者だった僕は『JNNニュースコープ』という夕方の番組のなかで年録のような企画をつくる機会を与えられて、そのなかで『ゆきゆきて、神軍』の1シーンを取り上げて放送した。それぐらい個人的には衝撃を受けた作品だった。それをきっかけにさかのぼって『さようならCP』(72年)『極私的エロス・恋歌1974』(74年)『全身小説家』(94年)といった原さん作品をみ続けてきた。ありていに言えば熱狂的なファンの一人になってしまったのだ。だから対談相手としては僕はふさわしくないのかもしれない。現にお会いして話し出したら、僕の方から一方的に原さん作品に対する称賛の言葉ばかりが続いて止まらなくなり、対談としては破綻してしまったきらいがある。申し訳ないことをした。ごめんなさい。新作『ニッポン国vs泉南石綿村』は、215分（3時間35分）という大長編だが、僕はこの作品はこの長さが必要なのだという意見の持ち主だ。それに対して異論を唱える人もいるかもしれない。だがこの作品の場合、映画作品の時間というものは、観客にわかりやすくするため、無駄を省くため、興行的にあてるため「削っていく」ものだ、という通説に対する「反逆」が確信犯的に試みられているのであって、アスベスト被害国家賠償請求訴訟原告団という主人公集団の混沌とエネルギー全体を表現するためには必要な時間なのだと僕は思うのだ。そして何よりも重要なことは、8年間という制作期間のあいだに次々と原告が「死んでいく」という事実の重さを突きつけられるという事実だ。別の言葉で言えば、映画作品の時間の流れのなかで、観客と原告が時間を共有し、そこで映画的時間を生き、そこで映画のなかで生きていた原告の方々に一方的に死なれて、観客が「置いてきぼり」を食らうという事件が起きるのである。裁判がこれほどまでに非情に時間を費やし、その間に裁判の当事者たちが次々に死んでいくという残酷な構図を、これほどまでの怒りをもって撮り続けるということは、文章で書くほど、口で言うほど、容易なことではない。そこに原監督の思いをみたように思う。あっという間に対談の2時間が過ぎる。僕はこの歌舞伎町のど真ん中で何をしているのだろう。

対談中の映画監督・原一男さん
（写真提供：疾走プロダクション）

〈卑劣〉を見過ごす社会は腐敗する

ぐったりと疲れて、対談場所をあとにして、いつもの場所に飲みにいく。夕食を食べていなかったことを思い出す。この店でカレーを食べる。〈卑劣〉について考える。〈卑劣〉は周囲を汚染するものだ。だから〈卑劣〉は見過ごしてはならないのだ。あのような〈卑劣〉さえ許されているのだから、自分などまだ可愛いものだとか、〈卑劣〉も力の後ろ盾があればOKに違いないとか勘違いする輩が出てくる。見過ごすことが〈卑劣〉を反復させ、増幅させる。だが現実には〈卑劣〉を目の当たりにしても人はそう簡単に動かない。それには、保身、忖度、同調圧力などさまざまな理由があるのだろう。だが繰り返すが〈卑劣〉を見過ごすことは組織、集団、共同体に腐敗・害悪をもたらす。〈卑劣〉はいわば悪性のガン細胞のようなものだ。「瀆職《とくしょく》」という古い言葉がある。職業の尊厳を汚すという意味だ。たとえば警察官が市民社会で決して許されないような悪事を働いたことが発覚したら、警察は自らの威信にかけて、その警察官を厳しく裁くだろう。瀆職は警察にとって致命傷になる。ジャーナリズムに関わる人間についても同様だ。かつて日本に健全な社会が息づいていた頃は〈卑劣〉を自律的に裁く機運が当たり前のようにあった。何かがおかしくなっていないか。

こころが漂流している。ア・デイ・イン・ザ・ライフ。

かねひら・しげのり／1953年生まれ

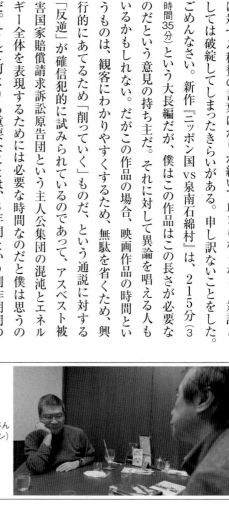

新連載
ニュース縦横無尽
❶

天皇陛下退位2019年4月30日決定

「昭和」を締めくくるための「平成」の30年

龍崎 孝
流通経済大学スポーツ健康科学部教授
元TBSテレビ 政治部長

「平成」という時代が幕を閉じようとしている。2017年12月1日、安倍晋三首相は皇室会議を開催し、天皇陛下が2019年4月30日に退位されることが決まった。同年4月には統一地方選挙が予定されており、こうした政治日程を配慮しつつ、できるだけ社会が平穏な中で退位と新天皇の即位を迎えたいという狙いが、その日程にあるという。天皇陛下の退位は憲政史上では初めてのことである。1989年1月7日午前6時33分、昭和天皇が崩御された。その当日午後2時36分に当時の小渕恵三官房長官が記者会見し、新元号の「平成」が明らかになった。「平成」の時代が幕開けしてから30年は、私の政治記者としての歩みと重なる。皇室会議を受けた翌日2日付の毎日新聞「余録」は、この30年にわたる天皇陛下の歩みを『「象徴天皇」という言葉に豊かな彩りを与えた』と記した。大変おこがましいが、天皇陛下の30年は、私の毎日新聞社、TBSテレビを通じた政治記者としての30年であり、さらに言いかえれば、取材対象とした「ポスト『竹下政治』」の30年でもある。

昭和に続く平成の30年間は、日本の政治にとり、いったいどのような意味があったのだろうか。

新元号スクープで63年越し汚名返上

1989年1月7日朝、私は会社の寮でポケベルによってたたき起こされた。前日から風邪気味だった私は39度の熱を発していた。会社に電話をかけるまでもなく、その意味は承知できた。前年の秋から体調を崩されていた昭和天皇だったが、当時の総理番記者、官房長官の番記者はそれこそ24時間体制で当時の竹下登首相、小渕恵三官房長官に密着取材を続けていた。総理番記者は通常、共同通信と時事通信の2社の記者が総理大臣の公邸や私邸に泊まり込みで「張り番」をする仕組みになっている。竹下氏は世田谷区代沢の私邸から通っていたため、その私邸の一角に「番小屋」が設けられていた。しかし、それでは危急の時に通信2社以外の新聞社、テレビ局が後れをとる。そのため竹下邸にほど近い空き地に大型のテントが張り巡らされ、新聞記者やテレビ記者が

24時間体制で泊まり込んで、情報収集にあたったのだった。テントには各社の仮設電話が配置され、夜中に日直の総理秘書官が「特にご様子に変化はない」と記者たちに告げて帰宅するまで、テント小屋で待機した。デスクにその日最後の報告電話をするとそこで仮眠する。翌朝、異常なく竹下首相が官邸に向かい車列を組んで出発するのを見届けるまでが張り番記者の「任務」だった。私たち新聞記者がショルダー型の移動式電話を持たされ、連絡手段がポケベルから「携帯電話」へと変わっていったのが、この最中だったと記憶する。

　昭和天皇が体調を崩されてからほどなく、総理番から官房長官番に「格上げ」された私は、テント小屋生活から一転、小渕長官を追跡する毎日になった。長官が当時宿舎にしていた都内のホテルに入るのを確認すると、次は警察庁から出向している秘書官の官舎へと急ぐ日々だった。わずか数時間後の翌早朝は官舎から長官の宿泊先へと逆コースをたどった。政府は陛下のご様子を踏まえ、新天皇の即位に向けた様々な準備を進めていた。新しい元号選定の作業もその一つだった。事務方トップの石原信雄官房副長官の下で当時の内政審議室がその実務作業を担っていた。そしてその総責任者が官房長官だった。

　『光文事件』として記憶されているできごとがある。1926年12月25日、大正天皇が崩御され、「大正」の次の元号をめぐる新聞各社のスクープ合戦の最中、東京日日新聞（今の毎日新聞）は新元号を「光文」と報じ、世紀の大誤報となった。昭和天皇の体調が悪化する中で、昭和から平成の移り変わりは、私たち毎日新聞政治部の記者にとり「63年越しの汚名返上」の機会でもあった。社内に担当デスクが任命され、官邸チームと連携をとりながら取材が続いた。のちにある幹部は「そうはいっても簡単なことではない」と夜な夜な話し合い、正直言えば半ば諦めていたと明かしてくれたが、もちろんその時はそんなことは知る由もない。結果、先輩記者の活躍で毎日新聞は1月7日付夕刊の「3版」で他社に先駆けて新元号「平成」を報じることに成功した。その詳細は毎日新聞社の社史などに詳しいが、もっとも若手の、経験の浅い一記者の私にどれだけの期待がかかっていたかと言えば、おそらく皆無であったろう。しかし私とて、何か努力はしなければならなかった。

　当時の記録によれば、新元号の選定はあらかじめ決められていた複数案からの絞り込みが正午過ぎから始まり、有識者からの意見聴取、衆参両院議長への報告、閣議決定を経て午後2時36分に小渕官房長官が記者会見を行い、袱紗に包まれた額縁に収められた「平成」の2文字を明らかにした。よって、私が小渕長官と二人きりになって新元号をただしたのは「昼前」ということになる。

　昭和天皇の崩御を受け、夕刊原稿の作成が佳境、いや殺人的な追い込みとなる中で、新米記者の私には書くべき原稿が割り当てられなかった。となるとやることは官房長官に張り付くしかなかった。官房長官番記者は通常は記者10年目くらいの中堅記者が担当するだけに、いわば各社の書き手が揃っている。午前11時過ぎの夕刊締め切り前は多忙をきたすだけに、首相官邸の官房長官室の前にはライバル記者たちが一人もいなかった。39度の熱が下がらずもうろうとしていた私は首相官邸内の細い階段に座り込んでしまった。そこは官房長官室の横から3階に上がる、通常は人の出入りの少ない場所で、言いかえれば誰の目にも見えにくい「死角」にあたった。よく言えば取材の機会をうかがって潜んでいた、ともいえるが、実態は立っていられなかったのだ。その階段の上方、目立たない所でへたり込んでいると、ぼうっとしている私の目の下を通って小渕長官がトイレへと入っていったではないか。立ち上がった。普段はトイレのドアまでついてくる護衛のSPの姿もなかった。後を追ってトイレに入り込むと、小用を足している小渕長官が振り向きもせず、「きみか」と声にした。せめて新元号の複数案でも手にしていればかっこ良かったが、もうろうとした頭にそんなものは浮かんでこない。「長官、決まりましたか」と並んで尋ねるのがやとだった。もちろん質問の域に達していない、最低の問いかけである。「うん、まだだ。もう少しだな。寒いから風邪引くな」小渕氏はそう言って、無表情のままトイレを出て行った。私の「平成」をめぐるスクープ合戦のやりとりはそれだけである。それは政治部への報告にも値しない、もしかすると私と小渕氏だけの(いや、私だけであろう)「平成」にまつわる記憶である。この間自分なりの多くの努力をしたに違いないが、鮮明に覚えているのはこのシーンだけである。未明に翌日付け朝刊が刷り上がるころ、ようやく首相官邸を後にした。平成の新しい朝が始まるころにはすっかり熱が引いていた。「ああ、治った」とつぶやき、清々しく思ったことだけが、今も妙に頭にこびりついている。思えば、激動の平成政治史はこの時から始まった。竹下派の崩壊、自民党の下野と復活、拉致被害者の救助、短命の民主党政権、そして安倍政治と朝鮮半島危機、「平成」はその由来、「内平らかに外成る」とはいささか異なる時代を今も送っている。

「平成」が誕生する時に、天皇陛下が何を思われていたのか、知る術もない。しかし、そのことは陛下が30年かけて「象徴天皇」として築かれてきたもの、いわば陛下の足跡から、今はうかがい知ることが許されるのではないか、と思う。言葉だけでなく、行動がもたらしたものがどのように私たちひとりひとりの中に染み込んでいったのか、ということである。それを考えることは「象徴天皇」をひとり務めてこられた陛下に対する国民の真摯な答え、とも思うのである。

「東北巡幸」と「戦後巡幸」の持つ意味

菅義偉官房長官は昨年12月1日に行われた記者会見で、2019年4月30日に退位、5月1日に新天皇の即位という日程を決めた理由についてこう述べた。「4月29日の昭和の日に続いて、ご退位、ご即位を実現することにより、改めてわが国の営みを振り返り、決意を新たにすることができる」。言うまでもないが、昭和、平成、そして新しい元号のもとで開かれる新しい時代は、すべて一体の中で続いているという認識である。明治以来の国作りとその集大成としての第二次世界大戦における敗戦、そこから戦後の復興と今の時代の繁栄という構造転換があったとすれば、その屈曲点は「昭和」の中にある。その屈曲点に何が行われたのか、と問われれば、数ある中で私は明治、昭和、そして平成に行われた3人の天皇の文字通りの「歩み」に目がゆく。天皇が直接国民、もしくは世界の人々、そして歴史の「被害者」と触れることが、その「歩み」の過程にあり、そのことが「歩み」の目的でもあるからだ。それは出会った人々の心を知るという「まつりごと」の原点、すなわち天皇の歩みは「政治」そのものではないか、と考える。

「巡幸」という言葉がある。『広辞苑』（第6版）では短く、「天皇が各地をまわること」と記されている。思った以上にそっけない。ただ、そっけないのはその「巡幸」に様々な意味が込められているからではないかと、かえって思う。では「巡幸」とはいついかなる形で行われたものなのかを知らねばならない。かつて天皇が大がかりに「巡幸」した例は2例といっていい。明治天皇の「東北巡幸」、そして第二次世界大戦の終結後に行われた昭和天皇の「戦後巡幸」である。

東北巡幸は戊辰戦争の後、1876（明治9）年の6月から7月にかけて行われた。明治天皇一行は東京から陸路北上し、宇都宮、白河、福島、仙台を経て盛岡、七戸、青森、函館まで巡幸した。函館からは海路横浜に戻り帰京している。東北の東半分、主に戊辰戦争では敗者に回った旧藩が連なる地域である。

当時の江戸（東京）は仙台藩を中心とする東北各地から回航された奥羽米に主食の供給を頼ってきた。こうした東北との経済的な結びつきは死活問題であり、東北各地の情勢を無視しえない一方、戊辰戦争の「敗戦国」が東北に存在していた。「敗戦国」の「国民」をどのように慰撫するのか、という視点は重要であり、同時に経済的関係から導き出されるように、近代国家たる新生明治日本の繁栄にとって、「未開の地」である東北の開発が急務であった。『東北——つくられた異境』（河西英通著、中公新書）によれば、酒田の本間家に代表される民間も含めた東北の有力者たちの協力が不可欠であった、ともいう。当時の内務卿、大久保利通は岩倉具視に宛ててこのような書簡を残している。

「概して瘠土《せきど》のみならず、水利の便も亦なきにあらず、人事を極め地力を尽し化育を賛成せば重畳山嶽も益あるべく渺茫《びょうぼう》たる曠原《こうげん》も利を生ずべし、要する所教督誘導を主とし山川の便路を開鑿《かいさく》せば富強の基は此地に可有之と奉存候」

開発次第では、東北は日本の富を生み出す基になるという視点があった。明治天皇の「巡幸」はこうした政治状況と東北振興という現実的な政策立案、選択の中で必要とされ、とり行われた。

翻って、戦後に行われた昭和天皇の「巡幸」はいかなるものであったか。『昭和天皇 御召列車全記録』（原武史監修、新潮社）によれば、昭和21年から29年までのいわゆる「戦後巡幸」では、昭和天皇は敗戦直後の日本を回り、その距離は毎年2000キロを超えたという。時には宿泊施設が整わず、御召列車内に仮泊したこともあったという。特に昭和22年には8838・9キロ、2府22県を回り、各地で大歓迎を受けた。昭和23年にはこの巡幸は一時中断されたが、東京裁判の結審が迫っていたことのほかに、当時のGHQがあまりの歓迎ぶりに「天皇制の復活を警戒した」（同書、89頁）とも考えられている。昭和天皇が自ら国民の前に姿を現すことにより、敗戦で打ちひしがれた国民に勇気を与えた様が予想以上のものであったことがうかがわれる。『昭和天皇実録』は現在刊行が続いている『昭和天皇 御召列車全記録』を基礎に書かれているが、中には、天皇の訪問を受けた旧国鉄の大阪鉄道局の記録も掲載されている。そこには、昭和天皇と国民の具体的なやりとりが幾例か記載されている。

陛下 久しく勤めておりますか。
奉答 三十年三ヶ月です。
陛下 随分長い間勤めておられますね、戦災にあいましたかね。
奉答 六月五日にあいました。
陛下 家族は無事であったかね。
奉答 母親が爆死しました。
陛下 それはお気の毒だったね、でも元気でやりましょうね。
奉答 ありがとうございます。しっかりやります。（『昭和天皇 御召列車全記録』94頁）

この例は紹介されている4例の中では比較的長いやりとりである。とはいえこの短い会話の中に、昭和天皇の精いっぱいの誠意を受け取ることができまいか。その気持ちを感じ取ったからこそ国民は感動し、ＧＨＱは警戒した。それはＧＨＱからすれば敗戦国・日本統治にあたっての天皇の政治的な利用であり、当時の政府からいえば「治安の維持」に必要な「行幸」であったろう。一方で昭和天皇を出迎え、またそのニュースを見た国民の多くにとっては、不条理な戦争やその結果もたらされたものに対して揺れ続けた心を鎮めるもの、つまりは「鎮魂」のきっかけになったのではなかろうか。その意味において昭和の「戦後巡幸」もまた、人々の心と直接触れ合う「まつりごと」でもあった。

昭和天皇から引き継がれた「鎮魂」の思い

天皇陛下が即位された後、外務省担当になった私に与えられた課題の一つは、新天皇最初の訪問国はどこか、ということだった。１９９０（平成２）年の暮れは、その取材に奔走した記憶がある。皇太子時代から交流の深い欧州が無難だが、第二次世界大戦の戦禍に見舞われたアジア歴訪はありえないのか、そうした点が取材のポイントだった。天皇陛下の外国訪問は当初から政治的な色彩に纏われていたということになる。担当デスクに「初の訪問先は東南アジア歴訪」という独自原稿を出した晩、「韓国はないのか」というデスクと言い争いになった。「卵一つ投げられても訪問は失敗に帰す、韓国はありえません」こう食い下がったが、紙面の見出しは「韓国、東南アジアを検討」とされ、「韓国」の2文字は残った。デスクの根拠は特に聞かなかったが、その後１９９１（平成３）年の最初の訪問先はタイ、マレーシア、インドネシアだった。

天皇陛下は戦後50年を迎えた１９９５（平成7）年に広島、長崎、沖縄を訪問されて以降、アジアに広がる第二次世界大戦の戦跡を訪れる「慰霊」の旅を重ねてこられた。戦後60年を迎えた２００５年には激戦地サイパンを、戦後70年の節目の２０１５年には日米1万人を超える兵士が犠牲となったパラオを訪れた。いずれも友好親善＝外交よりも「慰霊」そのものを目的とする訪問とされた。このため現地の人々との交歓行事は必要最小限に抑えられたという。翌2016年には111万人の民間人が亡くなったフィリピンを訪れ、一連の「慰霊」の旅は締めくくられた。このほかにも、アジア各国や中国、ハワイのホノルルなど、第二次世界大戦で多くの人々が犠牲となった場所へと足を運ばれ続けた。昭和天皇は戦後の在位中に、1971年に英国を始めとする欧州歴訪と1975年のアメリカ訪問の2回しか海外訪問されなかったのに比べ、在位29年間で延べ51カ国・地域を訪問している。その全てが慰霊目的というわけではないが、第二次世界大戦の戦禍が世界中に広がっていたことを考えれば、いずれの旅においても、「慰霊」の気持ちは天皇陛下のお心の中にあったと想像に難くない。

2019年1月7日、天皇陛下は昭和天皇が崩御されてから30年を迎える「式年祭」をとり行う。陛下は「平成」が30年を迎えるこの儀式へのご出席を強く望まれていた、と伝えられ、このことが2018年大みそかに退位、2019年1月1日をもって新天皇が即位するという当初の「政府原案」が見送られることになった、という。私にはその「式年祭」こそ、天皇陛下にとって戦後の「慰霊の旅」を締めくくるものになるのではないか、と思えてならない。昭和天皇が始められた慰霊の行脚「戦後巡幸」から引き継がれた「鎮魂」の思いを、「平成」の30年をかけて太平洋の国々まで広げられ、果たされた天皇陛下が、昭和天皇にそのことをお伝えする日、それが2019年1月7日なのではないだろうか。

「平成」の30年とは、アジアを、世界中を、戦火に巻き込んだ「昭和」という時代を締めくくるための30年であった。天皇陛下の「歩み」は、強くそのことを私に思わせる。昭和天皇おひとりでは締めくくることのできなかった激動の「昭和」を2代にわたって閉じようとされた、ゆえにご自分のためにも、日本人のためにも、そして世界のためにも、平成は30年で終えることが必要だったように思えてくる。

北朝鮮をめぐる情勢がきな臭くなる中で、ひとたび干支を交え、無辜の民が犠牲となれば、その「鎮魂」にどれだけ長い年月が必要とされるものなのか、陛下の「歩み」はそのことも強く指し示している。

※　※

6年余り連載した「三陸彷徨」を閉じ、あらたに「ニュース縦横無尽」を始めることになった。1988年4月に竹下首相の総理番となって以来、毎日新聞、そしてTBSで政治取材に携わることになって30年を迎えようとしている。縦横無尽というのならば、今そこにある事象を時間、空間を自在に行き来しながら読み解いてみよう。30年のすべてをここにさらけ出し、「今」とは何かを書き記したい。それが国民の目となり耳となって「政治の世界」を取材することを許された「記者」の、国民に対するささやかな責任の証しと思う。

りゅうざき・たかし／1960年生まれ

Creator's Voice_報道
時事放談
2018「新しい年」に
～「無一物中無尽蔵」

石塚博久 TBSテレビ 報道局制作プロデューサー

『時事放談』毎週日曜日午前6時00分～6時45分放送

開会10分前、衆議院予算委員会が開かれる委員室に入り、黴臭い記者席の最前列に陣取ると、反対側の入り口から与党・自民党の質問者のトップバッター田村憲久議員が入ってきた。今日(11月27日)から2日間にわたる、衆議院総選挙後、特別国会初めての予算委員会の朝なのだ。着席する議員から「厳しくやれ、厳しく」などと囃し立てられ「あは、は」と苦笑いで返していた。座席最後部には、「自民党最後の良識」を自称する、「村上水軍の末裔」村上誠一郎元行政改革担当大臣が陣取り、大声で「腹、決めねーとだめなんだよー」と叫んだりしていた。田村氏は、質問席の正面に座る菅義偉官房長官にすり寄り、何やら囁き、応じるように菅氏は苦笑い。そして、周囲に聞こえるように「厳しくやりますからぁ」と言うと、菅氏は改めて苦笑いしたりしていた。

思えば、森友問題、加計問題をそのままに通常国会が終わり、野党の臨時国会要求が3カ月放置されたあげく、衆議院解散、そして、自民党の大勝を受けて、これまで午前中に始まった野党の質問は夕方に回されていた。たっぷり時間をかけて「与党質問」が始まるのだ。

村上誠一郎氏(17年11月5日放送)
「野党のオウンゴールで」

村上「私は、自民党が勝ったからといってですね、本当に手放しで喜んでいられるのかなというのは非常に心配しています。というのも今回はですね、敵失というか、エラーというか、野党さんのオウンゴールで勝てたような気がしていましてね。あまりこれに政策が良かったからとか、今までの国会運営が良かったからという評価でですね、勝てたんじゃないんじゃないかなと。だからあまりこれにですね、乗っていますとね、『驕れる者も久しからず』と、平家(物語)にありますようにね。非常にここはですね、本当にもう1回反省すべきことは反省して、そしてまた直すべきことは直していかないと、本当の国民の信用は得られないんじゃないかなと。それを心配しております」

青のスーツにストライプのネクタイをした安倍晋三総理が登場し、質疑が始まった。田村氏は、「突然の解散で、結果を見ると我々は、議席を維持しました。しかし、安心して困難を乗り越えるには自民党しかないのかという消極的な選択だったという気がします」などと始め、一呼吸飲んで「やはり、森友学園、加計学園の問題が十分に、国民の皆様方にご理解をいただいていなかった。そんなこともですね、この選挙戦を通じて感じたわけであります」などと続けた。ただ、その後は「なにもないことを証明するのは、悪魔の証明ですから。赤いカラスがいるかいないか。これ、赤いカラスがいないことを証明しようと思うと、すべてのカラスをつかまえないとですね、証明できないわけですから。非常に難しいことは確かだという風に思います」などと話し出し、安倍総理の顔を見たりした。これに安倍総理は澄ました顔で答弁席に立ち、「えー、まー、今回の選挙、相手の党が名前も変わったり、その形が変わっていくという中にあったわけでありますが。我が党の得票数はこの3回、私が総裁として戦った3回の総選挙の中で一番多かったのもですね、これあまり報道されていないことですが、事実であります」などと胸を張った。そして、森友問題については「ただいま、田村委員がご指摘されたような問題もあったのも事実であります。まあ、そういうことも謙虚に受け止めながらですね、真摯な説明を、えー、丁寧に行っていくことでですね、国民皆様の理解を得たいと、このように考えております」と語った。そして、田村氏は「さてですね……」と語り、「幼稚園・保育園無償化」問題に話題を変え、持ち時間1時間を使い、得意の社会保障の持論を披瀝しながら安倍総理との「質疑」を展開した。「やれやれ」と思った。

次の菅原一秀議員は、森友学園問題について質し、麻生太郎財務大臣も資料の束を手に、これまでの「政府答弁」を展開した。ただ、菅原氏が音声データに関する質問をしたところで、委員室の雰囲気は一変した。この音声データの内容は、森友学園側が「1億3千(万円)が云々よりも、ぐーんと下げていかな、いかんよ」としたのに対し、近畿財務局職員が「ゼロに近い金額まで努力する作業はやっている。だけど、1億3千を下回ることはない」などと答えたやりとりだが、それまで政府は存在を認めていないものだった。答弁に立った財務省の太田充理財局長は、いきなり「近畿財務局の職員に事実関係の確認を行った結果は以下の通りであります」と語りはじめ、「森友学園側と、さまざまなやりとりを行っており、具体的な金額についての記憶はありませんが、大阪府の認可との関係で借り入れの金額に限度があることから、買う場合の金額にも限度があるとの話は、森友学園側からはありました。先方とは、さまざまなやりとりが行われました」と一転して認めたのだった。ただ、なぜか安倍総理は、澄ました顔で腕を組んで聞いていた。隣の麻生財務大臣は憮然とした表情だったが。午前中の質問は、自民党だけで終わり、議員が出口に向かう中、菅氏は立憲民主党の辻元清美国会対策委員長を見つけ「おっ、国会対策委員長っ」と冷やかし、辻元氏が「お元気ですか」と返すと、菅氏は「お元気ですよー」とニヤニヤしてみせたりした。

枝野幸男氏(17年12月3日放送)「はっきりしましたから」

枝野「全体構造としておかしなことをやっていた自覚があって、おかしなことをやっていることを皆で寄ってたかって隠そうとしていたってことは、これもうはっきりしちゃってるんで。そこのところがはっきりしてないのが今まで問題だったわけですけど。はっきりもうしましたから。そして「適正な手続き」と答弁していた佐川（宣寿）前理財局長を国税庁長官に出世させてるのは安倍総理なんですから。どう考えても辻褄合わないです。これから年明けると確定申告の時期になりますよ。全国の税務署の職員さん気の毒ですよ。だってあなたのところの親分は、大事な資料を捨ててありませんと開き直りね、『適正です』と言ってて、そんなお前のところの親分は!?って」

野党の質問が始まったのは午後4時過ぎからだった。冬の日差しは西に傾き、委員室の窓には黄昏の黄ばんだ光が注いでいた。立憲民主党のトップバッター長妻昭議員が、午前中の質疑で政府が音声データを認めたことを受け、安倍総理がこれまで国有地の森友学園への払い下げに「適切」との答弁を繰り返していたことに、「国会に対して、申し訳なかったと、適切ではなかったというようなことは、国民への謝罪も含めて、お認めにならないんですかっ」と声を張り上げ、野党席から拍手が上がった。これに安倍総理は「財務省や国土交通省から適切に処分していたとの答弁があったところであり、私もそのように報告を受けていました。これまでの私の発言については、そのような理解の上で申し上げたものであります」と澄ました顔で語るから、記者席脇の傍聴席の岡田克也議員が「なっにー」と眉間にしわを寄せていた。なんのことはない、すべては「財務省のせい」になっていた。陽はとっぷりと傾き、早々に「野党の追及」は翌日に先送りされた。

片山善博氏（17年12月3日放送）「私だったら怒る」

片山「自分（の口）で発したら、もしそこに部下から上がってきた情報が間違ってたとしても、それはもう自分の責任なんですよね。そういうものですよ。ちょっと安倍総理の答弁っていうか言い訳のように聞こえるんですけど。ちょっと本当失礼ですけど、自覚が足らないのではないか。もしね、本当に部下が言った通りだって言うなら、俺を騙したのかと、ふざけるなと、私だったら怒りますね。ところがどうもね、ああおっしゃるけども、あまり怒りが感じられないですよね。どうなってるのかなっていう風に不思議に思いますよね。なんで怒らないのかなって」

翌日の予算委員会は朝から立憲民主党に始まり、希望の党と果敢に追及するが、「バラバラになった野党」はそれぞれ短い質問時間の中、あちらこちらに「拡散」し、決め手を欠くまま「歯がゆい」時間が過ぎていった。太田理財局長は、払い下げ価格に関する森友学園と近畿財務局とのやりとりについて「金額についてはやりとりがありました。（前局長は）予定価格ということでご答弁申し上げた」などとし、質問した希望の党の今井雅人議員は「涙出てきちゃう」とぼやき、ヤジで騒然としたりした。ただ、また異変が起こった。夕方、共産党の宮本岳志議員の、またもや音声データにかかわる質問だった。その音声データは国側が「3mより下にあるゴミは（補償を）きっちりやる必要があるというストーリーをイメージしている」とし、請け負った工事業者が

「3mより下から出てきたかどうかはわからない。そういう風に認識を統一した方がいいなら合わせる」などと、「口裏合わせ」と取れるものだった。これに麻生財務大臣は「事務方の方から説明がございます」とし、太田理財局長は、「近畿財務局の職員に事実関係の確認を行った結果は以下の通りであります」と話し、「平成28年の3月下旬から4月ごろに、森友学園側を訪問した際のやりとりではないかという風に思われます」とあっさり認めたのだ。

枝野幸男氏（17年12月3日放送）「詰んでる」

枝野「この音声テープとですね、それから会計検査院の報告で、これはもう詰んでるんですよ。あとはそれに基づいてどういう責任を問うのかと。下からの報告を信じてたんだとすれば、その報告、誰がどう作ったんだと。それ厳しく処分されないとおかしいですし、その報告をどの程度きちっと受けて、国会で答弁してたのか、そこはやっぱり一種の監督責任は、あれだけ自信満々に堂々とお答えになったわけですから。それに対して開き直って責任を取らないという安倍総理の姿勢。じゃあ、誰が前の局長の時代に事実と違う報告を総理に上げてたのか。それはしっかり責任明らかにさせないと、辻褄合わないし、これ開き直れば、おかしなことやっても通用するなんていうのは、それこそ社会全体のモラルを低下させると。最初は税金が食い物にされてる話だったけれど、途中から公文書管理と、情報公開の問題になり、今はこんなモラルハザード許してしまったら、社会の全体のモラルが崩壊しますよ」

年末は「税金」の季節だ。翌年度の税制をめぐり、与党内の調整が山場を迎える。昼に自民党本部を訪れると、9階のエレベーターホール前が大騒ぎになっていた。税制調査会の会議が開かれるため、会議室の入り口まで業界団体の人たちでいっぱいなのだ。片や「ゴルフ場利用税、今年こそ廃止」の赤いプラカードを掲げた人たち、片や「ゴルフ場利用税堅持」の青いプラカードを掲げた人たち。双方、議員がエレベーターから降りてくるたび「廃止ー」「堅持ー」と怒鳴り声を上げる。騒然とする中、会議室いっぱいの議員を前に、宮沢洋一税調会長が「こんちわー。いよいよ○×の議論です。今までの勉強したこと、地元に言われていること、総合的に判断して、できるだけ簡潔に発言してもらいたいと思います」などと挨拶して夕方までの「税金」をめぐる議論が始まった。国会でやり玉に挙がった「佐川国税庁長官」の一方で、「取る方」は着々と議論が進むのだ。「やれやれ」とまた思った。「詰んでる」ものの、そのまま誰も責任を取らず「先」に進めない政治。うんざりする年の瀬だった。

会社に戻りスクラップをめくると、20年ほど前の新聞記者時代に東南アジアを1カ月かけて一人旅をして書き上げた「正月企画」の記事が目に付いた。「無一物中無尽蔵」。かつて、本田宗一郎氏が社長室に飾っていたという格言だ。なにもないからなんでもできる。東南アジアの熱気にほだされ、かつての日本の姿を重ねて、書いた記事の見出しだった。「なにもなくなってしまったのならば、ここから始めればいいってことか」。そんなことを考えると、窓から遠く、国会議事堂の屋根に陽が差しかかっていた。「新しい年が始まるんだな」と思った。

いしづか・ひろひさ／1962年生まれ

JASRACが発表した「上映使用料」値上げの方針について

～外国映画の使用料の「内外格差」是正を目指すが、日本映画では取れない～

日向 央 TBSテレビ 総務局ビジネス法務部

フランスは興行収入の2%　日本は僅かに定額の18万円

「1997年公開の『タイタニック』の国内興行収入(※1)は262億円。2014年公開の『アナと雪の女王』のそれは255億円。しかし、この上映に係る音楽著作権使用料は、いずれも、18万円しか徴収できていない」

JASRAC(一般社団法人日本音楽著作権協会)は、17年11月8日に開いた記者会見で、日本で上映される外国映画音楽の上映使用料が欧州諸国と比較して著しく低廉であり内外格差が生じていること、この状況を外国の著作権管理団体とそのメンバーの著作者らが憂慮し、是正を求める声が上がっていること、改善に向け、JASRACは、劇場の利用者団体である全興連(※2)との間で協議を継続していること等を発表した。

JASRACはこの会見に先立ち説明会を行う念の入れようで、冒頭の具体例は、その事前説明会での配布資料に書かれていたものである。

JASRACによれば、欧州の著作権団体が定める上映使用料は、いずれも興行収入にリンクしたものであり、イタリアがその2・1%、フランスが2%、ドイツが1・25%、イギリスが1%ということである。

もし日本がフランスのような使用料であったなら、単純計算すれば『タイタニック』は5億2400万円、『アナと雪の女王』は5億1000万円を、日本で徴収できた。しかし、JASRACが現実に日本で徴収できた使用料は、各18万円であった。確かに、大きな格差がある。

音楽教室で教師が行う演奏等から著作権使用料を徴収する方針を新たに打ち出したことに対し、57万筆の反対署名が文化庁に届けられ、有識者からも「JASRACの強欲は、すでに私たちの常識が許容できる限界を超えている」とまで書かれたJASRACである(※3)。ところが、今回の報道を見ると、「同業の外国権利団体に比べ、著しく使用料の徴収に失敗しているようではないか」と、イメージが一変する。

観客に映画音楽を聞かせることを劇場に禁止する権利

2つは、いずれも著作者(作詞家、作曲家)がもつ「著作権」である点では共通するが、法律で定めた権利の内容が異なっている。音楽教室での演奏に対して生じるのは、「公衆への演奏権」である。一方、劇場での上映に対し生じるのは、「公衆への上映権」である(※4)。これは、劇場が映画を上映する際、映画を観客に見せると同時に、映画音楽も観客に聞かせることになるが、この「音楽を観客に聞かせる」ことに関し、著作者がもつ禁止権である。

これら著作権は、日本で音楽が利用される場合、内国曲・外国曲とも

ＪＡＳＲＡＣが行使する場合が多い。

利用者との合意が成立して初めて使用料が変更できる

ＪＡＳＲＡＣが著作権を行使する場合、利用の態様ごとに、画一的な使用料を定めた「使用料規程（規定）」（※5）（以下「規程」又は「規定」）をあらかじめ定め、文化庁長官に届け出なければならない。規定は、変更することもできるが、これも同じく、変更の実施より前に届出義務がある。

規程は、著作物の使用料につき「演奏等」「放送等」「映画」「出版等」「オーディオ録音」の順に、音楽の著作権が生じる利用方法を大きく17通りに分け、各利用形態においても、たとえば「演奏等」では「演奏会における演奏」「演奏会以外の催物における演奏」「カラオケ施設における演奏等」など、さらに細かく分類して使用料を定めている（※6）。

これら規定における使用料は、ＪＡＳＲＡＣが利用形態ごとの利用者又は利用者団体と協議し、協議の結果、利用者らの同意が得られたものが掲載されているのが原則である。

筆者は放送局に勤める著作権担当者であるので、「放送等」の「２　地上波放送を行う一般放送事業者」の規定で定められた使用料については、ＪＡＳＲＡＣと日本民間放送連盟との、長きにわたる交渉及び使用料変更の歴史につき、概要を承知している。

「音楽教室における演奏」については、従来の規程の中で定められていない利用形態で、ＪＡＳＲＡＣは新たな規定を設けたく、03年から利用者の大手であるヤマハ音楽振興会に協議を申し入れていたが、同社は、「公衆への演奏権」が生ずる利用ではないとして、一貫して協議を拒み続けてきた。ＪＡＳＲＡＣは管理事業法の手続きを踏んで、利用者の同意が得られたものを規定として定めるという実務上の原則の例外として、規程「演奏等」の新たな規定として「10　音楽教室における演奏等」を設けることを、17年6月に発表した。

一方、外国の劇映画の劇場での上映については、既に規程「映画」の「２　上映」の規定（※7）により、上映１作品につき定額の18万円という額が合意により定められていた。それ以前は、最初は5万円からスタートし、段階的に引き上げを行い、85年にこれを18万円に変更して以来、変更されていない。ＪＡＳＲＡＣは、今回行った記者会見から6年半遡る11年から、規定変更の協議を全興連に申し入れ、協議を続けてきたが、いまだ合意に至らない時点で異例ともいえる記者会見を行った（※8）。

興行収入の多寡が正確に反映された使用料ではない

日本映画の場合、上映使用料の規定はどうなっているのだろうか。

「製作者または配給業者が映画の

※1　「興行収入」とは、映画館の入場料金収入をいう。
※2　全国興行生活衛生同業組合連合会。全国の映画館などで構成する団体。
※3　吉見俊哉東京大学教授の論考。本誌前号を参照されたい。
※4　著作権法（上映権）
第22条の2　著作者は、その著作物を公に上映する権利を専有する。
（ここで「公に」とは、「公衆に直接見せ又は聞かせることを目的として」という意味である。なお、「上映」は、「著作物〈略〉を映写幕その他の物に映写することをいい、これに伴つて映画の著作物において固定されている音を再生することを含むものとする。」と定義されているので〈第2条1項17号〉、映画音楽も、「音」ではあるが「上映」されていることになる）

※5　規定の「全体」を指す場合は「使用料規程」と書くが、「演奏等」「上映」など細分化された個々の規定は、「規定」と書く。「使用料規程」を読むと、「規程」と「規定」は、誤らずしっかり書き分けられている。
※6　JASRACウェブサイトのトップページに「使用料規程」のアイコンがあり、ここをクリックするとその全文を見ることができる。JASRACが定めるさまざまな使用料のイメージがつかめるので、ご覧になることをお薦めする。
※7　いまの規定は、全興連（連合会）が、「会員たる組合の組合員のために映画の上映について（JASRACと）契約を締結する場合の当該映画の上映使用料は、プリント1 本につき録音使用料の20／100 の範囲内において、連合会と協議のうえ定めるものとする。」とされており、その協議の結果、この定額となっているのである。

上映について（JASRACと）契約を締結する場合の当該映画の上映使用料は、プリント1本につき録音使用料の『20％』とする。」（※9）との規定が適用されるケースがほとんどである。ただし、この規定は上限の額を定めたもので、現状は、『20％』ではなく、割り引かれた『5％』で算出された額で支払われているという。

上映用プリント1本あたりの額であるから、同時上映での最大スクリーン数を乗じた額がその上限となる。

上映時期をずらして別の映画館で同じプリントを使い回せば、別の映画館では上映使用料は一切生じない。上映期間が終わって数年または数十年後にリバイバル上映されたとしても、やはり上映使用料は生じない。

この規定は、使用料が一律定額の外国映画と異なり、映画の中で使われる音楽の使用曲数・使用時間及び同時上映のスクリーン数の多寡、すなわち映画の上映規模が、ある程度使用料に反映されている。しかしながら、同じプリント1本で稼ぐ興行収入の多寡は何ら反映されないので、JASRACにとっては、なお不満の残るものであろう。

映画音楽が委嘱曲の場合 上映使用料は一切取れない

以上は、既製の楽曲（※10）を映画に利用した場合の話である。日本の映画音楽は、テーマ音楽（主題歌）であっても背景音楽（BGM）であっても、その映画のために委嘱して、新たに書き下してもらうケースのほうが多い。これを、「委嘱楽曲」という（「既製楽曲」と対比される作品概念である）。委嘱楽曲に関しては、JASRACの「管理除外」の定め（※11）が適用され、「録音」「上映」の規定で定めた著作権使用料は、JASRACは一切徴収できなくなる。

委嘱楽曲の場合、製作者から著作者に対し、委嘱料が支払われる。映画音楽の創作を委嘱したのであるから、その映画に楽曲が録音され、劇場で上映されることは当然予定されるので、委嘱料には、録音と上映の使用料も含まれている（もし含まれておらず、別途JASRACから許諾を得て使用料を支払わなければならないとするなら、製作者は「何も利用できない」楽曲の創作に対価を支払わされるという不合理な帰結となる）。そうであれば、製作者がJASRAC規定で録音と上映の使用料を支払うことは二重払いを強いられることとなり、理に合わない（※12）。

よって、JASRACとしても、委嘱楽曲は管理除外とせざるを得なかったのである。

管理除外の制度は、日本映画の1本あたり興行収入が常に100億円を超すものであれば、逆に音楽著作権を軽んじる不合理な帰結をもたらすことにもなる。フランスのように興行収入の2％が委嘱楽曲の作曲家

※8　JASRACは、常時、使用料規程中のさまざまな規定につき、変更を求める協議をさまざまな利用者側にしているが、その協議の進行中にこのような報道発表を行うことは、これまでなかった。全興連との今後の協議につき、先方にプレッシャーをかける、食いつきやすい具体例を示しながら、国民に音楽著作権の啓蒙を行う他、さまざまな意図があるのであろう。

※9　規程「第3節 映画」の「2 上映」の（3）の規定。本文（　）内は筆者注。同節「1 録音」で定める映画の「録音」使用料の規定は、著作物1曲につき、一般の娯楽映画の場合、5分まで5万円、10分まで7万5千円、20分まで10万円となっている。

※10　よく「既成曲」と書かれるが、利用者が用いる時に「既に作られて公表されている楽曲」という意味であるから、「既製服」と同様に「既製曲」と書くのが正しい。

※11　著作者（作詞家、作曲家）はJASRACと「著作権信託契約」を結び、自己が創作した詞、曲の管理を委託するが、この管理は自己の著作権をJASRACに移転する形で行われる（「著作権信託契約約款」第3条）。すると、委嘱楽曲であっても、著作者は著作権をもっていないので、製作者に映画への楽曲の「録音」や「劇場での上映」の許諾を行うことはできない。それでは著作者も利用者も窮屈になるので、著作者が直接利用者に許諾を行うことができ、JASRACが利用者に使用料を請求しない、JASRACの「管理除外」のパターンを、いくつか「著作権信託契約約款」の中で定めている。その中のひとつに、「委託者が、依頼により著作する劇場用映画のテーマ音楽若しくは背景音楽の著作物について、当該依頼者である映画製作者に対し、その依頼目的として掲げられた一定の範囲の使用を認めること。」がある。

に還元されることがふさわしいと仮定した場合、映画の再生時間全体のうち40％が楽曲の鳴っている時間であるとすると、１００億円×２％×40％＝８千万円が作曲家の取り分となるが、委嘱料がそこまで高額なものとなることはないので、委嘱料との差額分、作曲家に正当な還元がなされていないことになるからである。

しかし、日本映画の実態は、映画の制作費（その中に音楽の委嘱料も含まれる）を興行収入だけで回収できるものは少数であり、製作、配給、興行のいずれにとっても、潤沢な利益を享受できているものとは、到底いえない。そんな中、興行収入に応じた音楽の上映使用料を要求されれば、それが固定費として重くのしかかり、もしその使用料の支払義務を興行者が負担するとすれば、興行者は配給者に、配給者は製作者に、その費用の転嫁を求めることとなろう。そうなれば、赤字はますます膨らみ、映画産業そのもののさらなる衰退も招きかねないことになる。

映画の原作者・脚本家も法律上劇場上映の禁止権を行使できる

もうひとつは、映画の場合、公衆への上映権をもつ者は、独りＪＡＳＲＡＣに限られないことがある。映画の原作となった小説あるいは漫画の著作者、そして映画の脚本家も、「映画の著作物の原著作物の著作者」として、劇場に対し、公衆への上映の禁止権を有している（※13）。

現状は、原作者あるいは脚本家が、直接劇場に対し、その著作権を行使するような動きはない。しかし、もしＪＡＳＲＡＣが興行収入に対応する形で使用料を徴収することになれば、彼らとしても黙ってはいられない。そうなれば、映画産業はますます苦しい状況に追い込まれることになる。

以上により、日本映画の上映使用料については、ＪＡＳＲＡＣは、委嘱楽曲につき管理除外の制度を廃止することも、既製楽曲につき興行収入に正確にリンクした形に変更することも、当面考えていないようである。ＪＡＳＲＡＣが「強欲」であったとしても、「取れない」ところから使用料を取ることはできないのである。

映画の興行規模を反映させた使用料を、既に作成・提案中

さて、外国映画の上映使用料の話に戻る。記者会見でＪＡＳＲＡＣは、既に全興連に対し、規定の変更案を、成文化した形で提案していることを明らかにした（※14）。できれば今年度中に全興連と合意し、文化庁に届出を行い、来年度から実施したいとの希望を述べた。しかし、これまで６年半も協議を続けて合意をみないのであるから、あと数カ月のうちに合意が調うのは難しいのではないかと懸念されるところでもある。

ひゅうが・ひさし／1958年生まれ

※12 じつは、委嘱楽曲のうち、テーマ音楽（主題歌）のほうは、市販CDに複製・販売されることがほとんどである。その映画の興行が当れば、パブリシティ効果により販売枚数も飛躍的に伸びることが期待される。その期待のもと、レコード会社と著作者側が、製作者に対し、「その映画の主題歌を担当させてほしい」と申し込んでくることがある。その場合、「タイアップ」と呼ばれ、著作者側は「委嘱料」も製作者に請求しないことがある。
この場合、録音と上映の音楽著作権使用料は、著作者にもJASRACにも、一切支払われないことになる。

※13 著作権法（二次的著作物の利用に関する原著作者の権利）
第二十八条　二次的著作物の原著作物の著作者は、当該二次的著作物の利用に関し、この款に規定する権利で当該二次的著作物の著作者が有するものと同一の種類の権利を専有する。
⇒映画は、原作小説と脚本の二次的著作物であり、映画製作者は、劇場に対し、映画上映の禁止権をもっている。その原作者と脚本家は、映画製作者がもつ権利と同一の種類の権利＝劇場に対する、映画上映の禁止権をもっている。

※14 「平均入場料収入×実入場者×2％」×「映画全体の再生時間中、JASRAC管理楽曲か再生されている時間の比率」、このような算式で算出される額とするが、最初は「2％」ではなくもっと低い料率でスタートし、時間をかけて段階的に2％に近づけていく。概要そのような考え方に基づく規定であるという。

中国のネット・メディア事情――③

中国のアナウンサー事情

松野良一　中央大学総合政策学部教授

「千軍万馬過独木橋」の試験

放送局の中での、ひときわ華やかで人気の職業と言えば、やはりアナウンサーであろう。それは、隣りの中国でも同じである。しかし、その育成システムや雇用関係は、日本とは大きく異なる。今回は、中国のアナウンサーの現実と課題について、ご紹介したい。

このテーマに取り組んだのは、私の研究室に留学していた大学院生の趙明曦《ちょうめいぎ》さん。留学する前は、四川省の地方局のアナウンサーであった。無事に修士課程を修了して、現在は上海の日系企業に勤務している。

中国のアナウンサー事情について調査した趙さん=中央大学のスタジオで

彼女が、アナウンサーという職業を辞して、日本の大学院に留学したいと志願してきた時には、「なぜ、もったいないことをするのか?」と疑問を呈した。しかし、中国のアナウンサーが置かれている現状を聞くにつれて、その課題の大きさを知り、日本留学に賛同することにした。

まず、中国におけるアナウンサー養成について、概観しておきたい。１９７０年に中国伝媒大学と浙江伝媒学院にアナウンス学科が設置されたのが最初だが、現在では中国全土で６００以上の大学がアナウンス学科を設置している。アナウンス学科に進学するためには、中国のセンター試験「高考（全国大学統一入試）」に加えて、各省のアナウンサー統一試験あるいは各学校の面接を受けなければならない。

例えば、四川省のアナウンサー統一試験の内容は、筆記試験と面接。筆記試験は、主に芸術や言語、メディア史が出題される。面接は、自己紹介、原稿読みに加えて、ニュース評論が課されている。アナウンス学科を目指すために、高校時代にアナウンススクールに通う生徒も多い。２０１６年に行われた四川省アナウンサー統一試験の受験生は約２万人だったのに対し、合格した学生は４千人未満であった。合格率は約20％。中国では、このような難関の試験を、「千軍万馬過独木橋」と呼ぶのだという。千の軍と万の馬が一本の丸太橋を競って渡る、の意味に由来している。中国伝媒大学や浙江伝媒学院など伝統ある大学は、多くの卒業生がマスメディア業界で活躍していることもあり、難易度はさらに高いという。

中国広電総局（中華人民共和国国家新聞出版広電総局）の調査（２０１５年）によると、中国の県レベル以上のテレビ局は１９９８局。中国広電総局の管理下に、中国中央テレビ（CCTV）、省テレビ局、市テレビ局、県テレビ局（※1）という具合にレベル別に配置されている。しかし、各テレビ局は毎年新人を採用するわけではない。ハルピン師範大学の調査研究によれば、アナウンス学科の卒業生でマスコミに関する仕事に就職できるのは2割程度だという。また、全国の放送局に5万人ぐらいのアナウンサーが在籍しているが、知名度が高く影響力を持っているアナウンサーは、まだまだ少ないのが現状だという（※2）。

求められるアナウンサー像の変化

難関の試験を突破して大学のアナウンス学科に入学したものの、放送局に就職することは、さらに難しいという現実が待っている。こうした状況は、どうして生じてきたのだろうか？

アナウンス学科受験生向けのスクール=中国甘粛省張掖市「漢韵語言藝術訓練センター」（趙さん撮影）

趙さんの調査研究は、その原因について2つの問題を指摘している。1つ目は、改革開放路線、市場経済の発展を経て、デジタル化と多チャンネル化、そして、番組内容の多様化という中国テレビメディアの変化を受けて、必要とされるアナウンサー像が大きく変容していること。そして、2つ目は、中国全土の大学のアナウンス学科が、こうした社会の大きな変化に対し、対応が遅れている現状があること。以上が、調査研究で浮き彫りになった。

昔は、指導する立場の中国共産党や中央政府の政策や方針、または発生した事件事故、経済関係の報告などについて、チェックを受けた原稿を、正しい中国の標準語で、正確にわかりやすく読むという技術が求められた。しかし、時代の流れの中で、ストレートニュースだけでなく、解説や評論を入れた報道番組、情報バラエティ、さらには、エンターテインメント系のバラエティ番組、インタビュー番組など、番組が多様化してくる中で、求められるアナウンサー像が多様化してきているのだという。

ところが、アナウンス学科の入試科目、そして入学してから学ぶ科目の多くは、旧態依然としているのが現状である。最近では科目をアナウンスの技術だけではなく、評論や教養まで拡大する傾向があるが、十分に対応できていない。結果的に、アナウンス学科ではない、他の一般的な学部で学んだ学識のある学生たちが、アナウンサーに採用されるケースが増えてきているのだという。

アナウンス学科のカリキュラムはどうなっているのか。通常は、1年目は基礎技術と発声練習。2年目はメディアの専門知識やニュース評論など専門性が増す。3年目から、記者、キャスター、英語キャスター、企画や編集などのコースに分かれる。4年目は大半の学生が各テレビ局でインターンシップに参加する。この4年間で、学生は「中国語標準語検定一級」の取得を求められる。原稿を、間違いなく、わかりやすい標準語で、話し伝える基本は、

※1 中国の行政区分は、階層順上位から、省・市（地級市）・県とされている

※2 「播音主持専業人才需求現狀研究」（2013）より

昔から変わっていないという。

大学を卒業してテレビ局に就職するためには、3つの方法があるという。1つ目は、インターンシップ。テレビ局側はインターンシップ中に、一部の優秀な学生を採用する。2つ目は、アナウンスコンテストで入賞すること。中国中央テレビだけでなく、各省テレビ局もコンテストを通じて、優秀な人材を選抜している。3つ目は、一般向けの公開採用制度で、筆記試験と面接がある。

アナウンス学科生の問題点

アナウンス学科で学ぶ学生は、面接試験を経てきているために容姿端麗の人が多い。また、標準語の発音、インタビューテクニックなども、訓練されている。しかし、よく「千人一面」(学生全員が同じ教育を受けているので、個性がない)と言われる。対して、アナウンス学科出身でない人は、より学識があり、個性が強い。最近では、湖南省のテレビ局の汪涵や何炅、江蘇省のテレビ局の孟非らが、バラエティ番組や情報番組の司会・MCで起用されている。

こうした状況が背景にあり、アナウンス学科出身の学生の就職は厳しい状態になっている。テレビ局に入った後、自分が苦手な分野に配属された場合、仕事をうまくこなせない人もいる。現代のアナウンサーには、基本的なアナウンス技能だけでなく、次々と開発される多様な番組に対応できる能力が必要である。単に原稿を読むだけでなく、解説や司会、さらには新しいジャンルの番組を切り開く開拓者的な存在であることが求められているのだという。

現職アナウンサーへのインタビュー

趙さんは、実際に、中国の現職のアナウンサー3人と元職の3人の計6人にインタビューしている。その結果、現代中国のアナウンサーの実情と課題が、わかってきた。まず、現職の3人に対する調査結果である。

インタビューしたのは、ニュース番組だけでなくバラエティ番組の司会も務める孫強氏(山東省のテレビ・ラジオ局)、ニュース番組やトーク番組の司会だけでなくプロデューサーとして番組を立ち上げた経験を持つ曽智氏(四川省資陽市のテレビ局)、オーソドックスなニュース番組のアナウンサーを務める劉婷氏(山西省長治市屯留県のテレビ局)。インタビューからわかったことは、以下の3点である。

1つ目は、やりがいについて。3人ともアナウンサーの仕事について、影響力があることを実感し、やりがいを感じている。地震などの災害報道などを通して、市民のために貢献したり、問題を解決する手助けもできると考えている。

2つ目は、デジタル時代のアナウンサー像。10年前までは、アナウンサーの仕事は原稿を読むだけで済んだが、これからのアナウンサーは、プロデューサーとしてのセンスと能力を持ち、企画やアイデアも出し、番組制作に積極的に関わっていくことが望ましい。また、アナウンサーが個性、キャラを出すことによって、様々なフィールドの番組を開拓し、多メディア時代の放送における新しい職能を作り出していくことが期待されている。

3つ目は、アナウンサーの質と成長機会の問題。アナウンス学科を開設している大学が多くなりすぎて、学生たちの質が良くないという現状があること。この背景には、アナウンス学科の学費が他の一般的な学科よりも3倍ほど高く設定できるため、多くの大学が同学科を設置したことにあるという。そのため、テレビ局入社後に、自分の責任を忘れ、功利を追求している人が少なくない。また、一方で、大型のライブイベント番組などは、テレビ局側は地元のアナウンサーを使わずに、全国的に著名なアナウンサー（司会者）を使う。このため、若手にとって、成長機会が少ないという。

元職アナウンサーへのインタビュー

アナウンサーを辞めて、現在は別の職業に就いている元職へは、邱景平氏（2012年まで四川省資陽市のテレビ局・楽山市のラジオ局～現在は公務員）、石佳氏（2014年まで四川省崇州市のテレビ局～現在は外資系企業の人事担当）、江婷氏（2013年まで四川省西昌市のテレビ局～現在は甘粛省張掖市に漢韵語言藝術訓練センターを創設しアナウンスの指導を担当）の3人にインタビューした。

インタビューから、以下の3点がわかってきた。

1つ目は、テレビ局を辞めた理由が、以下の3つで共通していたこと。①中国のアナウンサーは、通常は2年契約であり、雇用が不安定。②テレビ局内だけでなく、政府機関やスポンサー各社との連携があり、人間関係が複雑でストレスが多い。③より安定していて家庭を大事にできる仕事をやりたいと思った。

インタビューに答えた元アナウンサーの石佳氏（右）

2つ目は、テレビ局でのキャリアが現在の仕事に役立っていること。仕事をこなしてきたことで、コミュニケーション能力が向上していることを、新しい職場でも実感するという。

3つ目は、テレビ局の二極化。省テレビ局と市テレビ局は、主に広告収入で運営されているため視聴率も意識する。このため、番組開発や制作方法が進化している。一方で、県テレビ局は主に政府の宣伝機関の資金で運営されているので、番組自体が進化しない。また、全体的に外国からフォーマットを輸入した番組が多く、中国らしさがない。そのため、アナウンサーは各局に合わせた対応を迫られるという。

こうして見てくると、中国のアナウンサーを取り巻く環境は、日本よりも熾烈である。入試の厳しさ、就職の厳しさ、さらには雇用制度の厳しさ。それでもなお、多くの若者がアナウンサーを目指す。さらに、現代のアナウンサーに求められる能力は、多様化し、高度化し、個性が重要視されるようになった。今後、各大学のアナウンス学科も、改革を迫られることになるだろう。

まつの・りょういち／1956年生まれ

夢の途中 第11話
～あの時代のテレビのことなど

いかにして、テレビ教徒になりしか

市川哲夫
元TBSプロデューサー、中央大学特任教授（放送文化論）

『1984』年は、こうして始まったが……

G《ジョージ》・オーウェルの『1984』は、1948年に書き上げられた近未来小説だが、監視社会が完成した全体主義国家の恐怖が描かれている。ユートピア小説ならぬディストピア小説である。さて現実の「1984年」は、どんな様相を呈していたのか。

前年10月からの連続ドラマ『胸さわぐ苺たち』のモチーフとなった「オリンピック」の年でもあった。「苺たち」の放送は1月12日で終わったが、冬の大会は2月にユーゴスラビアのサラエボ、夏のオリンピックはロサンゼルスで行われることになっていた。米ソの冷戦が続いていて夏の大会が完全な形の「五輪」となるかの懸念を持たれていた。

国際情勢は不穏な年明けだったが、国内では、ふたつの事件が世間を騒然とさせる。いわゆる「ロス疑惑」と「グリコ・森永事件」である。「ロス疑惑」は、『週刊文春』がこの年の1月26日号から「疑惑の銃弾」と題した、81年に起きた日本人夫婦銃撃事件の数々の「疑惑」検証記事の連載に始まる。銃撃された妻を献身的に看護し帰国した夫はかつて「美談」の主人公だったが、事件を企てたのは、この夫ではなかったのかという「驚愕」のスクープ記事だったのである。ここ1、2年「文春砲」の炸裂が話題となるが、この「ロス疑惑」は、最近のスクープ記事のどれをも凌駕していた。そしてテレビのワイドショーの恰好のネタとなり、以後1年8カ月、世間の関心はこの「劇場犯罪」に惹きつけられる。現実の出来事は、しばしばフィクションの想像力を超えるもので、こうした時期は、ドラマの作り手にとっては強烈なアゲインストとなる。

さて1月に「苺たち」を終えた私は、

再び日立「テレビシティ」枠で『アイコ16歳』の続篇を制作することになった。放送が3月21日、28日の前後篇と決められていたので、ドラマの設定も「アイコ」が高2から高3に上がる春休みの話とすることにした。したがってタイトルは『アイコ17歳』となった。原作はもう使えないのでオリジナルの話を考えなければならない。私と脚本の小林竜雄は、原作者の了解を得るために、また名古屋に赴いた。「16歳」のドラマの時は、高校生だった堀田あけみも名古屋大学の1年生になっていた。堀田の小説は「原案」としてクレジットすることとした。ちょうどこの頃、映画版の『アイコ十六歳』(監督・今関あきよし、製作総指揮・大林宣彦)も上映されていた。

普通の高校生の書いた小説がテレビドラマになり、映画にもなり、またドラマで続篇が作られる。なにが同世代の少女たちの共感を呼んだのか、これが分かれば「続篇」も当たるはずだ。私と小林で、「サイレント・マジョリティー」の少女たちの心性を推し量った。

小林との間で、17歳の「アイコ」が、ロール・モデルを描けるような先輩を設定しようという話になった。弓道部先輩で才媛の女子大生を登場させることにした。TBSの西武スペシャル『風の鳴る国境』(82年、原作・角田房子、脚本・寺内小春)でデビューした真野あずさをキャスティングした。他にも、「16歳」の時とは異なるキャストを数人起用した。「アイコ」の親友役「おキョン」は、三田寛子が連ドラ出演中で出られず、武田久美子に替わった。新設の「アイコ」のボーイフレンド役には、映画『家族ゲーム』(83年、監督・森田芳光)で好演した宮川一朗太、「おキョン」の恋人役には、『時をかける少女』(83年、監督・大林宣彦)で原田知世の相手役だった高柳良一を配した。

『アイコ17歳』では、演出も自ら手掛けることになり、P・D兼務と負担は倍加したが、やり甲斐も大きい。スタッフも入れ替わりが多く、私以外は、ほとんど「16歳」とは異なるメンバーとなった。いわゆるパート2だが、一から作り直すつもりで、取り組むことにした。

前篇のサブタイトルが「大学どうするの?」、後篇が「優等生なんかつまらない」。これからも察せられるように、「アイコ」のヴィルドゥングス・ロマン(成長物語)を狙った。撮影は順調に終わり、手応えも感じていた。事実、放送日の毎日新聞ラテ欄「視聴室」には、「……揺れ動く不安定な思春期の女子高生の心理が素直に、明るく描かれている。テンポのある演出と伊藤ののびのびとした演技が、多感な少女の心の揺れをよく表わしている」の好意的批評が載った。これで「数字」も行けると踏んだが……。

「好事魔多し」。オン・エア直前に大ニュースが飛び込んできた。放送3日前、江崎グリコの社長が自宅を襲った2人組に拉致され行方不明になった。その江崎社長が監禁場所から自力で脱出し、保護されたというニュースが報じられたのだ。「グリコ・森永事件」の始まりである。記者会見も行われ、ニュースはこ

視聴室

テレビシティ
「アイコ十七歳」
(TBS—後9・0)

一昨年の夏、学園の青春像を描いて好評だった「アイコ16歳」のその後・高校二年の終わり、進学のこと、ボーイフレンドの交際など夢と不安とが交互にいりまじった少女の日常が前後編にわたり描かれている。春休み、アイコの所属する弓道部を東京の有名女子大にストレートで入学した先輩の折原奈々子(真野あずさ)が訪れた。アイコがふと横の草介(宮川一朗太)を見ると目の輝きがちがう。アイコはなんとなく胸さわぎをおぼえた。

81年文芸賞を受けた堀田あけみ作「1980アイコ十六歳」原案に小林竜雄が脚色、揺れ動く不安定な思春期の女子高生の心理が素直に、明るく描かれている。テンポのある演出と伊藤ののびのびとした演技が、多感な

四月に高三になるアイコ(伊藤㊧)は親友のオキョン(武田㊨)と予備校へ願書を出す

84年3月20日、毎日新聞「視聴室」に掲載された『アイコ17歳』の番組評(放送日の21日は新聞休刊日)

の事件で持ち切りとなった。直後に『アイコ』の放送という次第だったが、真ウラのNHK『ニュースセンター9時』(当時は木村太郎と宮崎緑の強力コンビがメインキャスター)が大々的にこのニュースを伝えていた。

翌日発表の視聴率、「アイコ」は2ケタに乗せるのがやっとだったと思う。テレビドラマには、往々にしてこういうことが起きる。私の三十余年に及ぶドラマ生活でも数回そうした大ニュースと遭遇し、煽りを被った記憶がある。「いつもと変わらぬ日常」こそがドラマ制作者にとって、有難いことなのだ。

僕は詩集しか読まないんだ ～服部晴治は呟いた

『アイコ17歳』が終わった直後だったろうか、「苺たち」で仕事した浅生憲章プロデューサーから相談された。今、取り組んでいる「西武スペシャル」の海外ロケだけ助けてくれないかとの依頼だった。ディレクターは服部晴治だが「服部サンが、ちょっと体調がよくなくて、アメリカロケが無理なんだ。ヒロインがオリンピックの聖火ランナーで、ニューヨークで走る所を撮ってきてもらいたいんだ」。浅生からの頼みであり、服部が困っているとのこと、すぐに引き受けることにした。ゴールデン・ウィークにロケハン、撮影は5月中旬、短期間に2度のアメリカ行きである。浅生とは夏の「オリンピック」でも関わることになったのだ。服部とは水曜劇場枠のドラマ(『花吹雪はしご一家』『さくらの唄』『拳骨にくちづけ』)で何本か仕事をした。こちらはADやAPの立場だったが「先輩風」を吹かせるところもなく、対等に付き合ってくれた。テニスに誘われプレーしたこともあった。

こんな思い出が記憶にある。私は暇があれば1日1回は本屋に行く。TBS勤務時代は、赤坂一ツ木通りの「金松堂書店」が行きつけだった。水曜劇場のAD時代だったと思う。その書店で、ばったり服部と出会った。服部が、その時、私にこう話しかけてきた。「市川クン、君はどんな本読むの?」「ボクですか? 雑食ですから……。なんでも読みますよ」「そうなんだァ。僕はねえ、詩集しか読まないんだ」と、現代詩人の本棚の前で呟いた。たしかに、その頃「思潮社」から鮎川信夫とか、吉増剛造や、金井美恵子、富岡多恵子といった現代詩人の詩集が出ていたのだ。「カッコいい男だな」と思った。

脚本家・向田邦子の信頼が篤く、彼女の代表作のひとつ『冬の運動会』(77年)の演出は服部がチーフを務めた。その服部は82年8月、大竹しのぶと結婚した。結婚歴があったが、困難を乗り越えた末のゴールイン。そして西武スペシャルは大竹との結婚後初のドラマだった。昨年10月、「金スマ」で、大竹しのぶの還

84年5月、『月の川』都内ロケで演出する服部ディレクター(手前は小林聡美)

暦パーティーの模様が放送された。大竹と服部の5年に満たない結婚生活（服部は87年7月死去）についても回顧されていた。84年春、すでに服部は病に侵されていたが、その時は、深刻な状態とは思わずに私は引き受けたのだった。

もう少し、このドラマのことを書く。脚本は早坂暁（※）。アメリカ・ロケハンの時点で、やはり台本は出来ておらず、浅生プロデューサーの指示に従ってロケハンに赴くこととなった。

浅生は、ロサンゼルス郊外のサボテンの樹が育つ砂漠地帯と、ニューヨーク・マンハッタン地区の「聖火リレー」区間をロケハンし、ロサンゼルス五輪組織委員会の事務局でドラマ撮影の許可も取って来て欲しいとの指示をした。コーディネーターの大塚勝が同行した。海外ロケはコーディネーター次第とよく言われるが、大塚はTBSの「全員集合」チームとよく仕事をしていて、勘所はよく押さえている人間だった。

私と同年の男で、気兼ねのないロケハンでスムーズに事は運んだ。大塚はロサンゼルスに留学経験があり土地勘を持っていたため、レンタカーで砂漠地域のロケハンをした。ここでハプニングが起きた。車が砂地で脱輪して、にっちもさっちも行かなくなった。「公道で車止めて、GSまで行かないとダメですね」と大塚は言い、私と二人で車を呼び止めようとしたが、フル・スピードで走る車が止まってくれるわけもなかった。ここロサンゼルスでも「疑惑の銃弾」事件は知られているのだろうか？　とまで邪推する始末。1時間以上経過、「砂漠で夜更かしかな」と悪い冗談まで飛び出した日没寸前、ようやく老夫婦の乗るセダンが、私たちの前で止まってくれた。人の良さそうなアメリカ人夫婦で、私たちをGSまで送ってくれて事なきを得た。旅先で温かい人情に触れると、ことのほか嬉しいものである。

続いて、五輪組織委員会で事務的手続き。今では有名だが、この大会では組織委員長P《ピーター》・ユベロスのオリンピック商業化政策が進められていた。聖火ランナーさえ、「お金（3000ドル）」を出せば、どの国の人間でもニューヨーク～ロサンゼルス間を走れるというアイデア。大会競技場には世界的大企業の広告が展開。その反面、支出は徹底的な切り詰め。競技場は既存施設の再利用とし、メイン・スタジアムは、32年大会で使用された競技場そのものだった。組織委員会の事務局も質素な造りで、スタッフは大勢働いていたが、多くは若いボランティアだった（ロサンゼルス五輪は2億1500万ドル、日本円で当時の500億円を超える黒字を計上したと言われている）。その後、ニューヨークの撮影地区のロケハンを終え帰国した。

私はドラマ全体には、関与していなかったが主役の女優の降板劇があった。大竹しのぶ演じる平凡な主婦を「夜」の世界に誘い、破滅に導くファム・ファタール（運命の女）役である。結局、服部の『冬の運動会』に主演した、いしだあゆみがヒロイン役を務めることとなった。

※早坂暁氏は、2017年12月16日、急逝された。当連載にもしばしば登場していただいたが、「昭和」を代表する脚本家のお一人だった。謹んで哀悼の意を表します。（筆者）

5月中旬のニューヨークロケ本番には、浅生プロデューサーも同行した。聖火リレーの撮影は陸上と空撮を同時に行う為、ADの佐藤健光も参加した。スタッフから2日遅れで、いしだあゆみがニューヨーク入り。所属事務所の井澤健社長も一緒に現地入りした。翌日いきなり本番だった。本物の聖火リレーに女優が走るからと言ってリハーサルなど出来ない。一発勝負だった。幸い、いしだあゆみは少女時代フィギュア・スケーターで、スポーツ・ウーマンだった。1キロ区間のランニングなど全く問題にしなかった。撮影もスムーズに運び、「助っ人」としての私の「お役目」は終わった。服部ディレクターも無事全篇を撮り終え、6月8日夜10時から西武スペシャル『月の川』は放送されたのである。

この後、同じ6月だったろうか。同期の赤地偉史が、『胸さわぐ苺たち』に出演した原田結実と結婚した。当時、赤地が35歳、原田は高校を卒業したばかりの18歳だった。17歳の年の差は、服部と大竹と同じである。大学進学を考えていた原田を「オレという大学に入ればいいんだ」と、赤地が口説いたと仕事仲間の間でウワサになった。

赤坂プリンスホテルの旧館で披露パーティーが行われた。同期の私と清弘誠が司会進行を務め、『蒲田行進曲』や『胸さわぐ苺たち』の多くの関係者も参加し賑わった。そして、主賓の居作《いづくり》昌果《よしみ》制作局長の破天荒な祝辞から、パーティーは「無礼講」となった。当時、TBSの制作局の人間は結婚披露パーティーでは「手ひどいスピーチ」の洗礼を覚悟しなければならなかった。この夜は、主役の赤地がスケープゴートとなった。後のスピーチも推して知るべし。原田家の親族には、気の毒な展開になってしまった。もっとも新婦本人は、3次会の麻雀大会でも、ずっと赤地の傍に控えて座り、卓を囲む「悪友」たちから「よく出来た女房だねえ」と妙な感心をされていたものだ。

誰もが経験する、『一度は有る事』

7月に入って演出一部（ドラマ部）長の中川晴之助から、10月からの昼の「テレビ小説」のプロデューサーを命じられた。68年以来のポーラ一社提供が終わり、この年4月のリニューアル以降、「ポーラ」時代のNHK同様の女性の一代記ものから、現代劇で構わない方針になった。4月からは看護師がヒロイン（藤真利子）のドラマ『あなた』（脚本・清水曙美）が進行中だった。

この話を受けて、やりたいなと思う企画がひとつあった。ノンフィクション作家・上坂冬子の『一度は有る事』という作品だった。「中日新聞」の文化部長が上坂に執筆を勧め、83年8月から11月まで、「中日新聞」「東京新聞」夕刊に連載されていた（※）。上坂のノンフィクションは、病身の老父の介護を誰が引き受けるのか、実際の上坂家（実名は丹羽家）に起きた出来事のてんまつを綴った

※連載後の84年2月、中央公論社より単行本化された。また、「東京新聞」夕刊の同枠には、76～77年にかけて山田太一の『岸辺のアルバム』が連載されていた

ものだった。「1984年」当時、「高齢者介護」の問題は現在ほど深刻ではなかった。国民の平均年齢も30歳代だったと思う。まだまだ総体として日本社会は「若い」時代であった。ただ、「介護」あるいは「親の扶養」の必要な世帯が、じわじわと増えつつあった時代であった。

「高齢者夫婦」の場合、「夫」が先に逝き、「妻」が遺ることが圧倒的に多い。もともと夫の多くが年上で、平均寿命は女性の方が6~7年長いからである。しかし当たり前だが、年下の妻が先立つ場合もある。上坂の両親は、そのケースだった。83年5月3日夜7時すぎ、上坂の母は、父の具合が悪いので薬局に用足しに行き、帰り、自宅近くで不慮の交通事故に遭う。そして、その夜遅く亡くなる。上坂は子供十人の中で、ただ一人「親の死に目」に会わず、葬儀も出席せずにいた。「母親の死」を認めたくなかったからだ。その後、遺された既に81歳となった父親の介護をどうするか、子供たちの対応を綴ったのが『一度は有る事』である。私は、その時期『胸さわぐ苺たち』の仕事にかかりきりだったが、なぜかこの連載は読んでいた。いつかドラマ化しようという魂胆があったわけではない。ただ82年に、私も母を亡くしており、父が遺ったというシチュエーションが、このノンフィクションを「他人事」と思わせなかった。

ポーラ時代の「テレビ小説」は新人女優の登竜門的枠だったが、4月以降、それは絶対条件ではない。ウラはフジの『笑っていいとも!』が絶好調だが、昼の在宅視聴者を想定すれば、中高年女性が多いはずであろう。高齢化した「親」や「舅」の介護に苦労する人々も少なくなかろうと考え、「いいとも」に十分対抗も出来る企画だと思った。

脚本家は、3月まで最後のポーラテレビ小説『千春子』を書いたばかりの重森孝子に依頼した。重森とは初めてのコンビとなるが、題材的にフィットする脚本家だと思った。上坂冬子がモデル、ノンフィクション作家が主役のドラマ。初めて会い、じっくり話して、この選択は間違いないと確信した。重森も「父を亡くしたばかり」だった。

7月25日に重森と自由が丘の上坂冬子のマンションを訪ねた。初対面だが、すぐに意気投合した。年齢は、それぞれ10歳位の隔たりがあったが、「相性」が合ったのだろうか。上坂は、「父の様子も見てやって下さい」と言い、愛知の豊田市の実家を訪れることが決まった。これで3年連続、「愛知」「名古屋」絡みのドラマに関わることになった。

8月8日、私と重森は豊田市に赴き、上坂の案内で自宅療養中の「父」を見舞った。1901年(明治34年)生まれで、「昭和」天皇と同い年である。ベッドで仰臥されていたが、体調には波があり、上坂の末弟夫婦が世話をされているとの事だった。「白内障」も患い、視力も落ちているようだったが、私たちを認め、軽く手を動かした。しかし眼光には「鋭さ」が感じられた。

上坂の著書によれば、この父は菓子

『一度は有る事』の原作は放送開始に合わせて文庫化もされた

商の末っ子として生まれ、優秀な頭脳を持っていたが、小学校を終えると奉公に出された。しかし一念発起して巡査となり、22歳の巡査部長の時、普通文官試験に合格、16歳の妻を娶った。その後、上京して警察講習所で研修後、大抜擢され出世コースに乗り、内務省警保局の官吏となった。主に右翼の思想活動対策の担当だった。敗戦で公職追放処分を受け、家族そろって帰郷、地元で度量秤店を営んだ。公職追放処分が解けても官吏には戻らず、市井の人間として生きた。十人の子供に恵まれ、育て上げた。上坂は次女で、少女時代は都心の官舎で暮らした。父が始めた秤店は末っ子の七男が継いでいる。『一度は有る事』でも、この七男「誠」がキー・パーソンとして書かれている。ドラマでは、上坂と「父」、そして七男夫婦が軸となる事が見えてきた。

原作とテレビドラマのあいだ

しかし、原作がノンフィクションといえどもドラマ化に当たっては、もう少し人間関係を「整理」したい。結局五男三女の兄弟姉妹に再構成した。

それにしても大家族である。キャスティングが大変だった。前出の四役、上坂本人には白川由美、父は殿山泰司、「誠」に江藤潤、そしてその妻に浅田美代子を決めた。上坂は、本人役の白川、そして弟夫婦役の江藤・浅田には大満足だったが、殿山は「イメージがちょっとねエ」と、私に内々不満を洩らした。上坂には「父」といえば『東京物語』の笠智衆や、「たとえば大友柳太朗さんとか」のイメージがあったようだ。私はなぜ「父」が殿山泰司でなければならないかを丁寧に説明した。殿山は、おそらくは上坂の「父」とは対照的な人生を歩んできたろう。一方は厳格な「官吏」の人生、それも内務省警保局である。対して殿山は、「自由人」そのもののバイプレーヤー。あの歳（当時69歳）で、フリージャズとミステリーを愛する男で、軽妙なタッチの著書も多い趣味人だ。当時TBS前の「一新」でジャズを聴きながら、ミステリーを読む殿山をよく見掛けたが、とても良い感じだった。我々世代には「カッコイイ老人」の代表格だった。このドラマをシリアスなトーン一色の作りにはしたくなかった。「老父の介護という日常の中でも、ホッとする一瞬とか、父の『ボケ』たセリフに思わず笑ってしまうようなシーンが欲しい。そんな味わいも、殿山さんなら出せるんですよ」と上坂に伝えた。「じゃあ、見てみましょうかね」と漸く納得したが、結論から言うと、上坂は殿山の「父」役が「大のお気に入り」となった。

『一度は有る事』は、10月1日から12月28日までの放送となった。月曜から金曜まで13週65本の長尺である。出演者も通常の連続ドラマの倍近い俳優・タレントが登場することになった。大家族なので、アクセントを付けたキャスティングが求められる。1週目だけだ

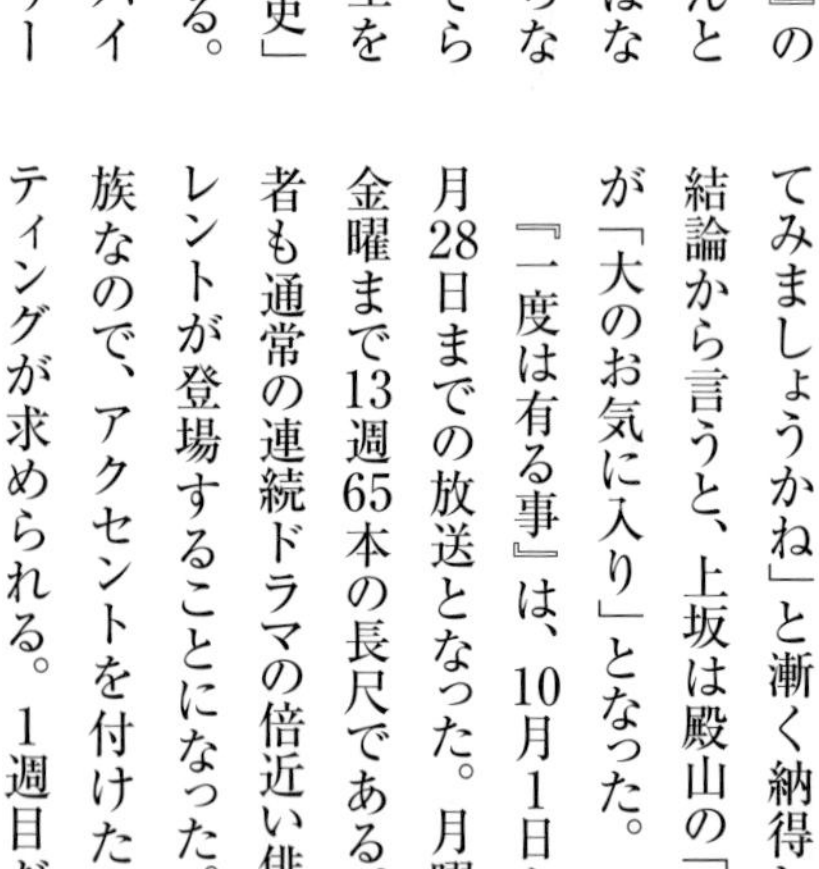

84年12月、奈良ロケでのクランクアップ直後のスタッフ・キャストの集合写真。殿山泰司、白川由美、江藤潤、浅田美代子の顔が見える

つたが、事故で亡くなる「母」役は名古屋中心で活躍するヴェテラン女優の山田昌を起用した。東京での活動は多くはないが、十分存在感を発揮した。子供たちや、その連れ合い役には芸達者を揃えた。次男役はＤＪの小林克也に出演依頼した。映画『逆噴射家族』（84年、監督・石井聰亙〈現・石井岳龍〉）に出演、なかなかの役者ぶりだったので起用した。この縁で、この後も何本か私のドラマに出てもらった。その息子役を演じたのが、当時18歳の永瀬正敏だった。後に映画俳優として活躍しているのを見るとチヨット嬉しい。浅田美代子とは水曜劇場『花吹雪はしご一家』の時のＡＤ時代以来9年振りの仕事だった。浅田にとっては、かつての「アイドル」から「女優」への転機でもあった。舅の世話をする「嫁」役だったが、天性の「明るさ」で「救い」となった。上坂役の白川由美も外見はスキのない淑女だがざっくばらんな人柄で、シリアスなドラマだったが、現場では「笑い」が絶えなかった。

私は、このドラマでは全13週の内、1週だけ演出も担当した。初コンビの脚本の重森と、脚本づくりやキャスティングに多くの時間を割いた。実話に基づくため、フィクション化しても視聴者は「上坂（丹羽）」家そのものと思うかもしれない。そして、他の兄弟姉妹やその連れ合いから「不満」が出るかもしれない。これがノンフィクションドラマの「難しさ」だが、「全く気にしないでドラマ作ってね。家族が何言ってきても、私がビシッと抑えるから」と上坂は言った。私小説やノンフィクションの場合、作家の家族との、こうした「葛藤」は付き物である。私は、『ストレイ・シープ』をはじめ、実在のモデルがいるドラマを何作か手掛けたが、最終的には原作者が「満足」してくれるかが「勝負」と思って作ってきた。今後も、その辺りについては「実例」を挙げ、何回か書こうと思う。

『一度は有る事』の視聴率は前作より微増（ビデオリサーチの最高回10・8％、ニールセンの最高回13・3％）だったが、視聴者の反響が大きかった。毎週のように、視聴者からの投書が手元に届き、各紙の放送欄にも掲載された。高齢者や、介護に当たっている家族からの切実なリアクションだった。『一度は有る事』は、内心では2年前に亡くなった母への「供養」という思いもあった。原作者の上坂冬子、脚本家の重森孝子にも、それぞれ同じような思いがあったろう。それなりの「達成感」を感じられたドラマだった。

一息つく間もなく、幸いなことに次の仕事の話が持ち込まれた。「新鋭ドラマシリーズ」の3年目で、プロデューサーとして80年入社の渡辺香の企画を担当して欲しいとの話だった。これも実話を基にしたドラマで、クラシック音楽の世界で起きた珍事件を題材にした話だという。そのネタは新聞で読んでいた記憶がある。「面白そうだな」と直感し、さっそく渡辺から話を聞く事にした。85年も忙しくなりそうだなとの予感があった。

（敬称略）

一部を除き、視聴率はビデオリサーチ関東地区より

いちかわ・てつお／1949年生まれ

点心漫画 みんなのブタ♪

小泉吉宏

第10章 心をおだやかにする方法

クツの中に小石が入っているとイライラする
こうしたイライラを解決するのはカンタンだ
原因をとりのぞけばいい
足がいたいよぅっ
原因をさがさないで泣きわめくのは心が幼い
ふくらはぎがつったら
ひざを立てて
なんでなおるのかわからないけどひざをたおすとなおる
足の指がつったときはどーしていいかわからないこれはつらい…

こいずみ・よしひろ／1953年生まれ

映画 movie

難民青年を受け入れた一家の大騒動 家族関係や国際問題をコミカルに描く

宮内鎮雄 アナウンサー、日本映画ペンクラブ会員

『はじめてのおもてなし』
2018年1月シネスイッチ銀座ほか全国順次公開

難民や移民が世界中で大きな問題となっている。30回目を迎えた2017年の東京国際映画祭で上映された作品の中にも、そんな情勢を反映したものが見られ、日本で移民申請が却下されたミャンマー人の家族が、祖国に戻ったものの、日本の生活になじんだ子供たちが、地元の生活にとけこめず苦労するという、藤元明緒監督の『僕の帰る場所』が、アジアの未来部門の作品賞と国際交流基金アジアセンター特別賞を受賞。他にもロヒンギャの問題を扱ったマレーシア映画などがあり、まさに映画は世界を映す鏡という一面を強く感じた。

●

今回ご紹介するのは、ヨーロッパの中でも移民問題に理解を示し、積極的に受け入れてきたドイツの現状を非常にビビッドに描いた作品で、2016年度、ドイツで興行成績1位に輝いた作品。もともとドイツは、1960年代に不足していた労働力を補うため、トルコ人をはじめとして大量の外国人を受け入れていたという歴史をもつ。

内戦のためアフリカ、ナイジェリアの故郷を追われ、ドイツに亡命を申請中の青年ディアロを受け入れるリッチな家庭の物語で、邦題こそ、人気テレビ番組のタイトルをちゃっかり拝借しているが（実に内容に即していてぴったり!)、原題はドイツ語で「ハートマン家にようこそ」という意味。これは彼を一家で迎える時に、玄関に掲げた横断幕に書いてある言葉だ。ハートマン一家を紹介しよう。病院で若手からお荷物扱いされ、肩たたきにあっている医師の夫と教師を引退して生きがいを見失っている妻。二人は、離婚した息子の代わりにやんちゃでませた孫を預かっている。娘は大学でまだ自分探し。この家庭、ちょっとキレやすい血統なのだろう、夫も中国を相手にビジネスに必死の息子も、何かコトが起きるとカッとなって逆上、結局、後悔することになるのだ。

ハートマン家に住み始めたディアロは、憎めない性格で、亡命申請中は、問題を起こさないよう注意して行動しなければいけないのだが、知らず知らずのうちに、いろいろなトラブルに巻き込まれてしまう。歓迎パーティーがとんでもないどんちゃん騒ぎになって、普段から移民、難民に反対している隣人に文句の口実を与えてしまうあたりには、現在のドイツ人の分裂した感情がよく表れている。そして、なぜかシマウマも登場するはちゃめちゃぶり。

●

家族関係や子育てから、移民、難民、イスラム過激派、孫のクラスで聴かせる、故郷で体験した恐ろしい虐殺の話と、ドイツだけでなく、今、我々が抱えるありとあらゆる問題がてんこ盛り。これがコメディー・タッチで巧みに描かれるのだ。

この映画、ドイツ版の「子はかすがい」で、家庭問題は一応丸くおさまるのだが、移民難民問題はそうはいかない。それでも、この映画のように希望を持ち続けたいと思う。

みやうち・しずお／1945年生まれ

book 本

イギリスはなぜEU離脱を選択したのか
政党政治と階級社会の変容を解き明かす

木原 毅 一書生

『イギリス現代史』
長谷川貴彦 著 岩波新書

『分解するイギリス
――民主主義モデルの漂流』
近藤康史 著 ちくま新書

イギリスがEU離脱を国民投票で決めてから早いもので1年半がたつ。個人的な衝撃の度合いでは、米大統領選の結果より大きかったのを覚えている。直後の為替や経済指標の動きを比べてみれば、世界の大勢もそうだったような。可能性はないとはいえないけれど実現はしないだろう、というのが本音ではなかったか。イギリスは腐ってもイギリスだからねと、よく分からないまま離脱はなしと思い込んでいた。『イギリス現代史』(岩波新書)を読むと、改めてこの国について正確な知識を持っていないことを痛感させられる。

●

北海道大学で教鞭をとる長谷川貴彦は、冒頭からぼくたちの刷り込まれた固定観念に冷水を浴びせる。最近の研究では、1970年代に目立ったイギリスの〈衰退論〉なるものは、サッチャリズムによって必要以上に煽られてきたきらいがあるようだ。また保守党と労働党の立ち位置の読み方も単純ではなくなっている。たしかに保守党サッチャー政権下(1979〜92)のサービス業重視や金融立国の政策は、グローバル経済のなかでのロンドンの地位を不動のものにした。しかしその一方で起こった製造業の空洞化は見えにくい。さらにブレア労働党政権時代(1997〜2007)の好景気で、その実態は隠され続けてきたそうだ。いわゆる労働者階級の溶解と変質もそれに加勢した、それゆえEU離脱が本当の〈衰退〉の道を開く可能性も少なくないとしているのだ。なるほどいまこそ注視すべきだろう。

長谷川による現代史は第二次大戦から始まる。植民地を手放し〈斜陽〉のイメージが拡がるが、当時すでに、〈ミニマム・インカム〉の発想を織り込んだ社会を目指そうとしていた。その結実が国民皆保険の成立や公営住宅の拡充、いわゆる〈ゆりかごから墓場まで〉の社会福祉制度によって新たな繁栄モデルの道を探り始め、1960年代にこうした土壌のなかからビートルズやツイッギーが生まれたことを見せてくれる。

ただ成長の陰で移民やEC加盟、北アイルランド紛争、そして石油危機と、これまでの保守・労働両党の政策軸では解決できない問題の萌芽が始まり、現在へとつながってゆく。そしてEU離脱是非の国民投票。結果から、「イングランドの地方に住む高齢の労働者階級」を離脱派のモデルと読み込むのは早計ではないかと警鐘を鳴らす。ナショナリズムの昂揚もこれまでの左派・右派の対立軸では読み取ることができなくなってきているようだ。

●

本書の少し前に出た近藤康史の『分解するイギリス』(ちくま新書)には、これまでの固定化されていた階級が分解して年代差・地域差、人種差がさまざまな局面で入れ子構造になって不安定化していることを丁寧に分析している。2大政党前提で設計された選挙制度は秀逸なシステムであるが、いまや民意を反映しづらくなっていることが分かる。2冊併せて読むと、イギリスが依然、学ぶところが多い成熟国家であることも次第に見えてくる。

きはら・たけし／1955年生まれ

同時代を生きる視点

戦争の時代を生きた青春へのレクイエム

——大林宣彦監督『花筐／HANAGATAMI』

川本三郎
評論家

昭和の戦争そのものは否定する。しかし、あの、死と隣り合わせになっていた困難な時代を懸命に生きた少年や少女たちのことは愛しむ。その背反が大事だ。短い青春しかなかった彼らのことをいま、静かに思い出し、その生を辿る。彼らの遺書のつもりで物語を浮かび上がらせる。彼らの遂げられなかった夢を追う。

戦時下の青春を夢で優しく包みこむ

昭和十三年生まれの大林宣彦監督の『花筐《はながたみ》』は、奇跡のように美しい青春映画。戦時下の少年や少女たちを夢で優しく包みこむ。

いまの青春ではない。過去の、遠い日の青春が、愛惜をこめて思い出されてゆく。昭和の戦争の時代、少年たちには徴兵が待っている。戦場にゆけば、いや応もなく死にさらされる。この時代、青春はあくまでも短く、限られている。

原作は檀一雄の第一創作集。日中戦争が始まった昭和十二年に出版された。檀一雄はその直後に応召した（幸い、生還したが）。

脚本は大林宣彦と桂千穂。原作以上に、少年たちを覆う迫り来る戦争の影を描き出している。

ある海辺の町の大学予科に通う四人の少年たちが登場する。軍人の息子で、父親の赴任先のアムステルダムから帰国した俊彦（窪塚俊介）。早熟で、世捨人の雰囲気のある吉良（長塚圭史）。裸身が輝く美少年の鵜飼（満島真之介）。この三人に、すすんで道化役を演じる阿蘇（柄本時生）が加わる。

青春とは友情の季節である。とくに、戦前の旧制高校では友情が貴重だった。俊彦はやや幼なく、聡明な吉良や鵜飼に憧れる。美青年の鵜飼への思いは、ほとんど同性愛に近い。

少年たちに、三人の少女が加わる。町娘のあきね（山崎紘菜）、断髪の似合うカメラ好きの千歳（門脇麦）、肺を病んでほとんど寝たきりの美那（矢作穂香）。

さらに、少年たちの憧れの対象となる俊彦の叔母（常盤貴子）。「泰西名画」の貴婦人のように気品がある。

時代設定は、太平洋戦争の始まる昭和十六年。海辺の町は、九州の唐津で、撮影もそこでされているが、檀一雄の原作と同じようにとくに、どこの町とは特定されていない。

そもそも、この映画は、よくあるリアリズムの手法で作られていない。そこが大きな特色で、映画全体が、まるで骨董店の奥に忘れられた幻燈で映し出された物語のように幻影を帯びている。

昭和の戦争の時代を描いているといっても、近年の諸作品、山田洋次監督の『母と暮せば』や荒井晴彦監督の『この国の空』、あるいは片渕須直監督のアニメ『この世界の片隅に』とは、まったく作り方が違う。全体にセピアの紗幕がかかっている。

死にひたされた月の光

戦時下の物語なのに、まるで夢のなかのように淡い。大林監督は、通常の、言葉による物語の展開より、ひそやかなイメージをあふれさせてゆく。

丘の上の和洋折衷の館。六角形のアールヌーボー風の窓。そこから見える海と、帽子のような島。蓄音機。写真機と遠眼鏡。西洋人形。少年たちが背中にひるがえすマント。

海は人工の波幕だし、水田はジオラマのよう。少女たちは時に、人形か水中花のように現実の生ま生ましさを欠いている。

白いネグリジェを着た少女が夜の庭で血を吐く姿は、まるで吸血鬼に血を吸われて陶酔する世紀末の少女だし、海に突き出た岩の上から美しい裸身を見せて夜の海へと飛び込む美少年は、ギリシャ神話のアドニスを思わせる(大林宣彦監督は、檀一雄の『花筐』を三島由紀夫が愛読したことを当然、意識しているだろう)。

多くの青春映画が太陽の輝く光の下で作られるのに、

2017年12月16日(土)
有楽町スバル座ほか全国順次公開
配給:新日本映画社

この映画の少年や少女たちは、ほとんどの場面で月の光を浴びている。彼らの青春が、戦争によって限られているのだから、光は、生にあふれた太陽の光よりも、死にひたされた月の光でなければならない。

この映画は、「月の光で描かれた絵画」と言いたくなるほど。死を意識した目、末期の目で世界を見れば、そこは月の光を静かに浴びている。大林監督は、すべての画像を月の絵具を溶いて描いてゆく。

美少年の鵜飼は、月の光のなか、夜の海で泳ぐ。引き締まった身を月の光が照らし出す。俊彦は、胸を病んだ美那に導かれるように丘に出て、夜の海を見下ろす。二人の頭上には、まるで神秘の女神のような大きな月がかかっている。病弱のため、いつも狭い部屋にこもっている吉良は、遠眼鏡で月の夜の海を泳ぐ鵜飼を見る。

近い将来に確実に死が待っていることを知っている少年たちは、太陽のなかに飛び込むのではなく、月の淡い光のなかに抱かれようとする。

俊彦が鵜飼と二人で、夜の浜辺を馬に乗って疾走する。それを吉良が部屋から遠眼鏡で見る。限られた青春の美しさが、月の光のなかで、あやしく光る。

赤が時代を染めゆく

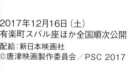

モノクロの月の光のなかに、時折り、鮮烈な赤が入ってくる。赤は、不吉な予感であり、月光がやさしい死の色とすれば、赤はおぞましい死の色である。

胸を病んだ少女が吐く血の赤。髪を梳《す》く櫛の赤。真白な卵の殻をグラスがわりにして飲む葡萄酒の赤。少年たちの、限られた至福の青春のなかに、赤が随所に、にじみ出してくる。その赤は、戦時下、大日本帝国の日の丸の赤へと拡大してゆく。

国全体が戦争へと向かっているなか、大林監督は、少年や少女たちの周囲では、なんとか、戦争を遠ざけようとする。そんなことは無理と知りながら、彼らを「まだ日本が、かろうじて平和を知っていた時代」の夢の名残りで包もうとする。

海の見える丘へのピクニック（この場面には珍しく日の光が射し込む）、屋敷での舞踏会、名残りを惜しむような写真の撮影、そして、唐津の町の大きな祭り「唐津くんち」。「まだかろうじて日本が、平和を知っていた時代」に、美しい叔母の夫は、軍人ではありながらチェロを弾く。彼女は、夫の前で世阿弥の能『花筐』を舞う。

学校では、英語の教師（村田雄浩）が、ポオの『黒猫』を教材にする。病弱な吉良は、ひそかに思いを寄せる幼なじみの千歳との関係を十八世紀フランスの作家サン＝ピエールの『ポールとヴィルジニー』になぞらえる。

大林監督は、大日本帝国の軍国主義の猛々しさに、文化の優しさを対比させる。

同時代を生きる視点

しかし、戦争は加速する。少年たちは次々に兵隊に取られてゆく。自由主義者だった英語の教師も応召する。髪の毛を切り、坊主頭になって兵列に加わる。町では、先生は「アカ」だったから、最前線に送られる、と噂される。この教師が、豪雨のなか、一人、狂ったように河辺の葦の葉を抜く場面には、悲しい絶望が込められている。戦争は、戦争を望まなかった者を犠牲にしてゆく。市井の弱い人間は強大な国家権力に抗う術《すべ》もない。

戦争が、少年たちに近づいてくる。

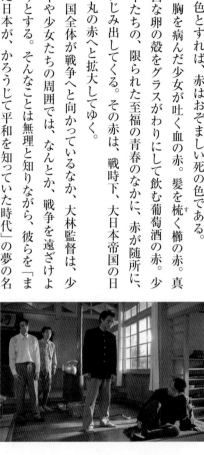

ここでも大林監督は、戦争の接近を田んぼのなかの兵隊姿の案山子《かかし》であらわす。案山子の姿はいや応もなく増えてゆく。その田のそばを、子供たちが、戦争の恐さも知らずに、勝ってくるぞと勇ましくとばかり行進する。

繰返される、出征の寓意である、この案山子の場面でも、よく見ると、畦道のあちこちに彼岸花の赤が見える。赤が時代を染めてゆく。戦時下を描いたドラマは映画とテレビを含めて数え切れないほどあるが、戦争の接近の恐怖を、田のなかの兵隊姿の案山子の数が増えてゆくことで示した手法は、他に知らない。

　ファンタジーは、時にリアリズム以上にリアルになる。こんな場面もある。戦争の悲惨を知らない子供たちが、神社で無邪気に戦争ごっこを戯れる。銃に撃たれ、ばたばたと倒れる。そして、そのまま動かなくなる。まるで戦場の兵士が、本当に死んだように。この場面には戦慄する無邪気さと無知が重ね合わされている。

かつてなかった「美しい反戦映画」

　唐津くんちの場面も幻想的な美しさと、戦時下のはかなさが溶けあっていて陶然とする。夜の闇のなかに、曳山《やま》がまるで歌舞伎の花道にあらわれたように次々に浮かびあがる。それは勇壮な祭りというより、死出の旅のように見える。兵士の出征と重なるのだから。曳山のなかでもとりわけきわだつ、大きな赤い鯛の赤は、死へと向かう兵士たちの悲しみの色になっている。

　唐津くんちに重なるように、白塗りの人形のような兵士たちが、海のなかの一本道を死出の旅に向かって歩いてゆく。この幻想的な場面もまた、戦争の無惨さをよくあらわしている。

　大林監督は、通常は夢物語を語る手法によって、リアリズムの映画以上に、戦争の恐怖を伝えている。このことは特筆していい。大仰にいえば、これまで日本映画にこういう反戦映画はなかった。

　戦時下を懸命に生きた少年や少女たちをなんとか慰藉したい。その思いが、この映画をかつてなかった「美しい反戦映画」にしている。批評用語で「美しい」と使うのは安直であるのは分かっているが、この映画を見ると他の言葉が思い浮かばない。

　美しさのもとは、大林監督が少年や少女たちを末期の目でとらえているからだろう。この映画は、戦後、ただ一人、生き残った俊彦によって回想される形を取っている。

　あの時代への追慕である。懐しさが美しさを作り出している。懐しさとは、いまはもうない、失われた世界、人間たちへの深い思いに他ならない。だから、懐しさには、つねに、失ったものに対する痛みがある。一般に、過去を懐しむノスタルジーは感傷的、甘いと否定されるが、それは間違っている。ノスタルジーの深い底には、よきものが失われたことに対する痛みがある。痛みの自覚からノスタルジーは生まれる。『花筐』は、大林監督の痛みを伴った、あの時代の青春へのみごとなレクイエムである。

かわもと・さぶろう／1944年生まれ

TV日記

ドラマ不振は対人恐怖症から直せ

鴨下信一
演出家

ひどく不思議な映画の見方をするようになったのはいつからだろうか。今はそうでもないが一時期ひどく忙がしい時があって、その時ついた癖だ。昔は映画はまるまる一本、アタマから見始めてエンドマークが出るまでキチンと見るのがキマリだった。そのために日常のスケジュールも映画館の上映にあわせて作成した。ただそうすると極めて不自由で沢山の作品は見られない。監督、俳優、その他の関係者には申し訳ないが、他の仕事の隙間に30分でも40分でも見る。当然、記憶の中で映画はキレギレ、ブツブツになる。それでも慣れるとチャンと頭の中でつながるから不思議だ。もっと慣れると、見る順序が逆になっても、飛んで先へ行って戻って抜けたところを後で埋めても、大丈夫なようになった。

これはまあ、映画を映画館でしか見られなかった時代の話で、そのうちヴィデオだ、ディスクだの時代になってもっと便利になった。こんどはスケジュールの都合ではなく、多少つまらないとそこをトバすのである。

ことわっておくが、これでもぼくは同業者だから、オミットし放しというのは心苦しくて出来ない。見残したところに、後で自分の演出に利用出来るどんなネタがあるかもしれないから、後では結局全部見るので、これでは能率的なのか、非能率なのか、自分でもよくわからない。

驚倒した2人の先人の映像記憶力

この〈方式〉は仄聞《そくぶん》するところでは蓮實《はすみ》重彦先生〈仏文学者にして後に東京大学総長、そして何よりも映画の評論家として戦後最大の人であろう〉が、よくやられていたとのことだが、たぶん伝説であろう。ぼくのは鵜の真似をする烏だが、録音録画がこんなに自由に、簡単になるとは思ってなかった時代には、ある程度以上に役に立った。

何よりトレーニングになったのは〈映画の記憶装置〉とでもいうべき脳の機能が鍛《きた》えられたことだろう。もともと〈物事のデティル〉はよく覚えているほうだが――実はこれに関しては、先人《せんじん》には全く敵わない。驚倒したのはあの淀川長治氏と隠れた映画マニアの小説家安岡章太郎氏の対談で、題なんかもちろん忘れたが、あるフランス映画のタクシーの中のショットで、そのリアウィンドウにエッフェル塔が写っていたかどうかを延々と議論なさっているのを読んだ時で、そんなこと肝心の映画の良否には関係ねえよなあといいたいところだが、この両先輩は延々何ページも費やして、ご自分の映像記憶力をゆずらない——こうした映画的記憶力に対する執念はほとんど失せた、同時にその記憶の能力も衰え果てた。もちろんあの録音、録画器械の簡便さ、安価さ、機能の増大がもたらした結果である。そして映画について〈語る〉楽しみも又、みるみる失われていった。いつでも、どこでも見られる映画など、あらためて語る喜びなんてありようはずがない。

黒澤作品を見ない映画、テレビ志望者

さて放送を基本とするドラマは、もともと記憶を必要としないことが〈売り〉のメディアだったから〈記憶〉の問題は起るはずもなかった。テレビドラマでも過去の名作がブラウン管に蘇ることはほとんどない。

しかし記憶力の優劣を競わなくなると人間はどんどん怠けものになる。皆昔の名作を見むきもしなくなった。一度本当に驚いたことがある。頼まれて映画、テレビのドラマのことを喋った時だ。「聴き手は将来の脚本家、ディレクター、プロデューサー志望の若い子たちです」という触れ込みなので、前半は当りさわりのないところで黒澤明作品などを例にとって喋った。かれこれ40～50人はいたろうか——。

どうも様子が変だと思ったのは途中休憩の時からだ。どうも皆、何もわかってないみたいだ……。そりゃこちらの話す内容も悪いのだろうが、例に挙げた諸作品をどうも見てないらしいのだ。

「ところで黒澤監督のどんな映画を見ているのかな。問題作とか、テーマがちと難解というのじゃなくていい。『七人の侍』とか『椿三十郎』なんかでいい。1～2本例を挙げてくれれば話が進むから」

結果の惨めだったこと……。何と(よく覚えているのだが)1本でも見ているヤツを数に入れても、たった14人しかいなかった。映画、テレビ志望の実態がこれだ。

話はまだ終らない。なんとか講義を終えた途端、教室の3分の2ぐらいが、どっと押し寄せてきた。手に手に録画したディスクを持っている。「これ最近ぼくが撮ったんですが、見て下さい」「ぼくのも見て下さい」「感想下さい」……。

……これが15年ほど前である。黒澤作品は1本も見てなくても、自分の作品は撮れる。さすがにこういう世の中が、こんなに早く来るとは思っていなかった。その後はもう、あれよあれよと思う間にこんなことは日常茶飯事、珍らしくも何ともなくなった。

自由が閉ざした日本人の心

若い人(とは言わない)、いやいまや大多数の日本人が、自分の周囲2メートル以外のことには興味を示さなくなった。

ずいぶん前から〈ミーイズムの時代〉などと呼ばれていたが、その弊害は極《きわ》まってきたといっていい。このコラムの〈劇音楽の項〉でもすこし触れたが自分のこと以外に関心を示さなくなった〈閉じられた日本人の心〉こそが、すべての根本原因のように思えてならない。

閉じられたといったが、日本人の心を閉ざした大きな原因の一つが〈自由〉だったことはもっと着目されていい。

こんなことがあった。『日米開戦と東條英機』というドラマとドキュメントを合体させたような番組のドラマ部門を演出した時だ。

あまり愉快でない体験だったから記憶がトビトビになるが東條英機が東京裁判のため巣鴨プリズンに収容されていた時、その夫人勝子と和歌のやりとりをした記録がある。相聞歌《そうもんか》の型を採っているのは遺詠のつもりだろう。世間的には評判のよくない夫妻だが、そのこととは別である。古式に則《のっと》った武人のたしなみといっていい。ドキュメントのほうは報道の担当ということだったが、若手の女優の声でその録音するのが隣りのブースにいるぼくに聞こえてきた。

何か奇妙である。韻律が和歌のそれではない。聞き耳を立てるともなく聞いていると、奇妙も道理、和歌が三十一《みそひと》文字（31音）で読まれてないのだ。歌そのものは覚えてないが、たしか漢字を音読するか訓読するか（山河《さんが》と読むか山河《やまかわ》と読むかで、音が短くも長くもなる）のことで、たしか30音しかなくて字余《じあま》りでなく字足《じた》らずになっていた。これではリズムが跛行《はこう》する。見かねて「それは字足らずだよ」といったら嫌な顔をされた。

「訓読すれば大丈夫だよ」といったのもおせっかいだったらしい。ぼくが本当に驚いたのは、その後むこうの演出らしい、50歳ぐらいの男がいったひとことで、もうこんな連中といっしょの仕事は止めようと思ったのである。

彼は何といったか。

「自由に読んじゃいけないんですか」

もう一人同じ年頃の男がいて、どうもこいつも同じ意見とみえてうなずいている。

「自由に読む」――自由に読んでいいわけがない。

お寒い50歳60歳以上の国語能力

ところがこれはつい最近、老後のボケ防止に朗読・音読の指導の真似ごとをはじめて気がついた。まあ、だいたい漢字は読める。だから現代文の散文は読めるが、俳句・和歌といった定型詩は明治以降の正岡子規や与謝野晶子、斎藤茂吉等々全滅だった。和歌・俳句の定型のリズムがとれない。（和歌・俳句以外でも島崎藤村、薄田泣菫、北原白秋全員討ち死にとなった。何故か石川啄木だけ皆読めた）。

注目すべきは、こういう教室に集まってくるのは、皆もう〈若もの〉ではない。60歳70歳すぎのシニアなのである。

「学校で習わないのか?」習ってないと異口同音。最近は国語の教科書に「古池や蛙《かわず》とび込む水の音」と載《の》ってはいても、先生がこれを〈音読〉してくれない、音のモデルを示さないで、ただ「読んでおきなさい」つまりは「目で見ておきなさい」というだけなのだそうだ。

ぼくが怒った「自由に読む」はおそらく戦後すぐの「〈何でも〉自分で自由に考えなさい」という教育徳目の間違った援用だろう。50歳60歳以上の日本人の国語能力は、こうした自由の思想でかなりねじ曲げられていると思ったほうがいい。この年代の人が日本のあらゆる面での指導者層を占めているのは寒気がする。

日本人の国語能力を云々するなら〈日本社会全体の綜合国語能力、綜合教育能力〉のことに話が及ばなくてはおそろしく偏狭な論になろう。何も学校教育に限らない。

百人一首の〈かるた取り〉もなく〈畳の部屋がなくなったのが最大原因だ〉、父や母の下手くそな読み札《ふだ》の読みすらなく、年寄りの雑俳も腰折れも聞くこともなければ、歌舞伎役者のこれもあまりおすすめ出来ない七五調のセリフもほとんど聞こえて来ない世の中では、そもそも国語教育の本当の土台が出来ようはずがないのだ。

＊　＊　＊

結局、ドラマとは〈日本語〉のことであり、ドラマの隆盛とは〈日本語教育を全社会的に徹底することによってもたらされる〉というのが中間的結論になりそうだが、まあこれは、ずいぶん迂遠《うえん》なことではある。

ドラマ制作に蔓延する萎縮作用

実は、もう一つ〈ドラマ不振の大原因〉があって、こちらのほうは〈即効的に直せる〉。以下そのことを書く。つづめて言えば現在の日本人が患《わずら》っている〈対人恐怖症〉を軽減させることだ。

以前この欄でいまの脚本家は「脚色を嫌がる」と書いたことがある。その時は「脚本は自分の作品、自分の作品」と考えてばかりいるから、つまり「オリジナル尊重、個性の発露」とばかり考えて、「ドラマの女神《ミューズ》に奉仕する」精神が欠けているからそうなるなんて解説した覚えがある。あれは考えが足りなかった。実は脚色という作業は、いったん完成した他人の作品を、或る意味ズタズタにすることで〈演出という作業も同じようなところがある〉、言い換えれば原作者と裸の人間として向き合うことになる。決斗することになる。なるべく周囲と波風を立てず自分の繭《まゆ》の中に閉じこもっていたい向きには勘弁してくれということになる。

それと勿論、新らしく造型した、又は脚色で変型させたキャラクターにも責任を持つ必要があるだろう。これもたしかに面倒といえば面倒だ。（多分、マンガの劇化、あるいは空想科学もの、怪物の世界等は息苦しくないのだろう。こういうジャンルなら脚色志望者はたやすく見つかる）。

脚本といわず、演出といわず、ドラマ制作のあらゆるジャンルで一様に萎縮作用が見られる真の原因は、人間の厄介な部分に関わりたくない、という神経が蔓延《まんえん》しているからではないか。

このことに、もっとはっきり気付かされるのは〈予告〉と〈前回までのあらすじ〉という、特にテレビの連続もの、あるいはテレビで流される本編映画の宣伝用トレーラーの質が急速に（洋の東西を問わず）落ちているからだ。

ぼくのように多量の娯楽もの（中にはまったくの二流ドラマからジャンクに類するものまで）の予告、前回までのあらすじを見ている人間には、この部門の凋落は由々しき問題なのである。

松岡修造さんの好演に期待

昔、制作本数が少なく、露出の機会も限られていた時代には、予告編こそは監督昇進の登龍門だった。映画のトレーラーはファーストアシスタントの輝かしい昇格試験の晴れの場だった。（もう一つ、予告と宣伝《プロモーション》とが混同されている。宣伝はややダラダラと長時間の枠をとり過ぎるきらいがある。予告は一個の独立した存在で、これの混在が状況を悪くしている。このことを話すと話が混乱するから、これだけにしておく）。

今では、はっきり言って下請けのアシスタントに丸投げするか、いやいややらされるかのどちらかになった。予告もあらすじも脚色以上に、もう出来上っている他人の作にハサミを入れるわけだから、一種の人間恐怖症になっている現代の若者が敬遠するのも無理はない。この二つの作業が志望者激減なのは深い心理的要因があるのだ（たいていのテレビでのものごとの盛衰はキチンとした意味が、社会的意味があるとぼくは思っている）。

予告もあらすじも、やはりアメリカのほうがすぐれている。〈前回までのあらすじPreviews〉の傑作は『ザ・ホワイトハウス、原題名はThe West Wing』を見るといい。ただもう何十回と回を重ねた時に忽然と第1回のエピソード（よく覚えているものだが、若いスタッフが買春する話だ）のショットが入ってくるという丹念さで、日本での2、3回前から適当に抜いてという手軽さとは違う。

このことはこの欄で前にも書いたが、嬉しいことに予告の傑作を最近見た。

いま原稿を書いているのは年末の12月10日（〆切日）だが、素敵な〈予告〉がONAIRされている。それは『陸王』の次回（といっても12月10日、今夜だ）に登場の松岡修造で、予告は長身をかがめてトレイラーバッグを引っ張り、あのメイン舞台の工場へと急ぐ彼の姿だけ。かがんでいるだけ上目《うわめ》づかいになり、あの美しい白眼《しろめ》（高倉健と同じだ）がよく目立つ。松岡の最大の個性であるファナティックな思い込みが生かさせた役なことが、そしてこのドラマではいまそういった役が必要なことがよくわかる予告だ。どうやら工場の買占めに来るらしいが、スポーツ選手のドラマゲスト出演は名品がたくさんある。もう誰も覚えていないだろうが、プロ野球のピッチャーだった江本孟紀《えもとたけのり》（銀行の女子行員の巨額使い込みを扱った伝説的犯罪ドラマで、金を貢《みつ》がれる役だった）、そしてあのイチロー（田村正和の人気シリーズだった『古畑任三郎シリーズ』の中の犯人役、驚異的名演だった）、いずれもファーストランを見逃していない。どうかこの幸運が（松岡さんも好演になると）持続してくれますように、そして２０１８年もラッキーな年になりますように、祈っている。

かもした・しんいち／1935年生まれ

TBSテレビ マーケティング部 江利川 滋

To pay, or not to pay

NHKが受信料をとることについての意見（複数回答）

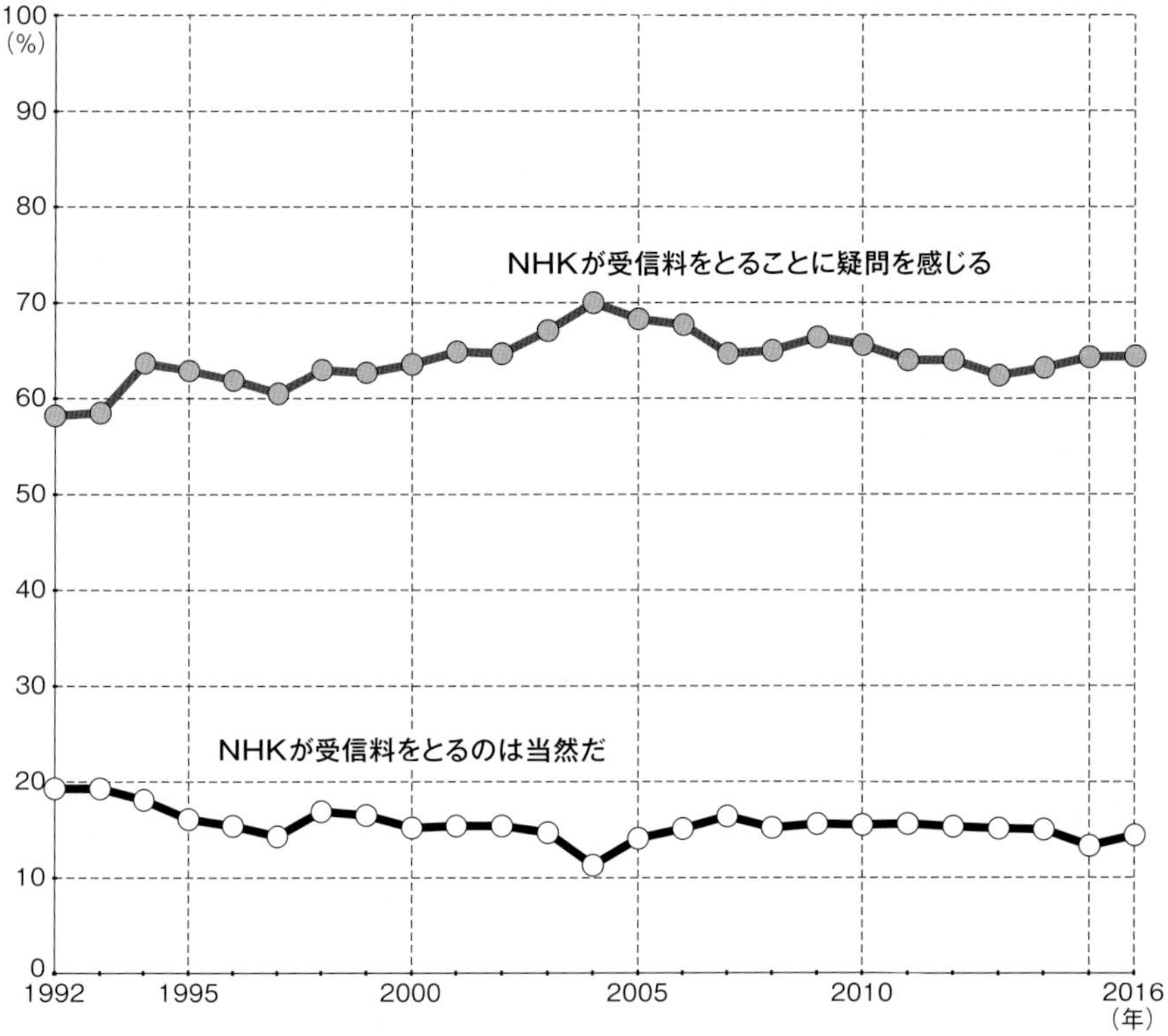

データ：JNNデータバンク定例全国調査
（男女13～59歳、1999年まで10月実施・n=約3,500、2000年以降11月実施・n=約7,400）

本誌当号刊行の頃は新春のお慶びを申し上げる時分ですが、年末進行の本稿執筆時ではNHK紅白歌合戦の結末も不明。とはいえ気になるのは、紅組白組の勝ち負けより裏番組との視聴率勝負でしょうか。

ところでNHKといえば受信料。Wikipediaによれば、受信料支払いが紅白観覧の応募資格になったのは2006年。受益者負担ならぬ負担者受益の点ではごもっともな話。

受信料といえば、昔から“払う、払わない”が話題です。“民放テレビは無料（有料の民放もありますが）なのに、何でNHKはお金を取るのか”とは素朴な気持ち。その気持ちをJNNデータバンク定例全国調査が約四半世紀にわたって追跡しています。

様々な社会的話題について対照的な意見を対で示す複数回答の質問では、NHKの受信料徴収に「疑問を感じる」意見が6割強で推移。特に紅白担当プロデューサーの制作費不正支出が問題化した04年は疑問がピークで、実際に受信料不払いも増加。

受信料徴収の根拠は“NHKが受信可能な設備を設置したらNHKと契約しなければならない”という放送法の規定。これが契約の自由に反して違憲だという訴えを最高裁が2017年12月6日に退け、受信契約を義務とする規定は合憲との判断を示しました。

受信料のNHKと広告収入の民放が競い合って、国民の知る権利や表現の自由に寄与するのが日本の放送制度。大切な権利のために受信料が用いられるのなら、払うほうも使うほうも、そう心すべきですが……。

えりかわ・しげる／1968年生まれ

バックナンバー

最寄りの書店か編集部までお申し込みください。
価格(税別)は731円です。

2017
11–12
539号

枠組みは変わったのか
～選挙、放送、気候で考える

▶**小池劇場「第二幕」としての2017年都議選:「第三幕」国政への序章**
白鳥 浩

▶**原発報道と議題設定**
～ローカル局とキー局の対比から～
桶田 敦

▶頻発する記録的な大雨
豪雨災害から身を守るためには
片山由紀子

▶集中連載「放送批評」の相克 第3回(最終回)
誰のための、何のための放送批評か
音 好宏

▶パラリンピックから見える東京2020④
パラリンピアンが見つめる東京2020パラリンピック(前編)
田中圭太郎

隣にある歴史を見つめる

▶坂本龍馬 現代人が作った〝ウソ〟(六)最終回
龍馬暗殺の真犯人と幕末最大のミステリーとされる理由
知野文哉

▶**憲法違反を理由に消された歴史**
～知られざる民間人戦地派遣～
坪井兵輔

監視社会の足音/「失敗」から学ぶ

▶**防犯カメラが生んだ冤罪とメディア**
ある事件を追い続けた記者の証言
増田み生久

▶作家は憂える
好い加減な健康法から見える"時代の疲れ"
小嵐九八郎

▶負の過去を繰り返さないために
憲法理念を追求するドイツの政治教育
坪井兵輔

2017
9–10
538号

放送の現在と歴史

▶**BPO=放送倫理・番組向上機構 この10年を振り返って**
圧力に萎縮しがちな放送現場を援護射撃
丸山 進

▶集中連載「放送批評」の相克 第2回
放送批評の担い手の広がり
音 好宏

隣にある歴史を見つめる

▶**「国際平和ミュージアム」の意義と役割**
兼清順子

木霊を追う
沖縄・中国・南極… メディアの役割

▶**歪められた基地反対運動の姿**
『映像'17沖縄さまよう木霊』を制作して見えたもの
斉加尚代

▶「民族主義」という怪物を制御するため情報をどう読み解き、分析すべきか
爆買いとメディア・リテラシー
渡辺陽介

▶南極観測隊同行記
氷の大陸から
今林隆史

▶集中連載「放送批評」の相克 第1回
草創期の放送批評がめざしたもの
音 好宏

2017
7–8
537号

▶オリンピック・パラリンピックから見える東京2020②
東京大会後の持続的成長も見据え
2020年に向けた社会全体のICT化推進
小笠原陽一

▶パラリンピックから見える東京2020②
すべては東京パラリンピックから始まった
田中圭太郎

伝えること・伝え方
～制作者が見つめ続けている原点

▶ドキュメンタリー体験60の手習い
海の彼方の憲法9条を追って
宇野淑子

▶**祭事の映像アーカイブと地域DNAの醸成**
宮崎・国富町での映画製作体験から
青木りゅうじ

▶**「祖父の日記」取材記**
8分間の番組から1時間の番組に
一人称の視点から家族にひきつぐ
井上佳子

▶**世論調査再考**
～いまジャーナリズムに求められていること
渡邉久哲

2017
5–6
536号

▶新連載 パラリンピックから見える東京2020①
知られざるパラリンピックの歴史と日本
田中圭太郎

隣にある歴史を見つめる

▶京都の伝統工芸と戦争 その七(最終回)
伝統工芸の現在
——戦争をくぐり抜けてきた京都とその未来——
木立雅朗

▶坂本龍馬 現代人が作った〝ウソ〟(三)
浮かび上がった「船中八策」誕生の真実
知野文哉

編集後記

○衆議院選挙は与党が勝って、野党が負けた。結論は、それだけだったでしょうか。そもそも放送が、そして私たちが、最も目を向けたところ。そして、一票の格差の問題。数えていくと、与党の主張とはまったく別の憲法問題が、残るというより、ずっとあるような気がします。

○この人、あるいはグループの動きがなかったら、どのような選挙が実現していたでしょうか。しかし、問題の核心に触れていたでしょうか。白鳥浩・法政大学教授の分析です。

○一票の格差問題。毎回の選挙で必ず問題になります。裁判で扱った経験を持つ元裁判官、森野俊彦弁護士の分析には、この問題の本質がありました。今の方法で、一票の格差が解消される日は来るのでしょうか。

○村山富市元首相。この選挙が始まる前から、お話をおうかがいしたいと思っていました。社会党、その変容、首相経験、そして再び社会党。村山さんは、いつの時代にもかわらない、大分市のご自宅で語ってくれました。

○放送番組批評のあり方を考える連載を、調査情報で行ってきました。その1回目から反応したとおっしゃるのが、本間謙介さん。日本民間放送連盟では、具体的にどのような対応があったのでしょうか。

○記者時代に、アメリカの支局勤務を経験した稲井英一郎さん。内部監査と取材活動という、一見すると別の線のうえのような事柄が、そうではなかったといいます。今年のうちにこの論考が、各系列、研究者との間で新たな展開を示すものと期待しています。

○取材経験をふまえた、神戸市の非核政策についての論考。坪井兵輔さんの指摘は、憲法と地方自治法の両方を見るべきだということでした。

○オリンピックまで1000日を切ったといいます。でも、最も大切なことが語られていないような気がします。日本の考え方の中に、確認すべきことがたくさんあります。その第一人者、真田久・筑波大学教授の指摘です。

○パラリンピックをつくり、支えた人々。河合純一さんのお話の後編です。真田さんの指摘と、つながるところがありました。〈幸〉

●定期購読をおすすめしています
年間購読の場合は、6冊分5400円（消費税・送料込み）の一括前払いをお願いしております。ご希望の方は、編集部までご連絡ください。振り込み用紙等をお送りいたします。

●定期購読のお申し込みや送付先の変更など、購入に関するお問い合わせ、本誌へのご意見、ご要望は編集部読者係までお送りください。

●バックナンバーの内容については、
http://www.tbs-mri.co.jp/info/をご覧ください。

●弊誌は書店でも購入できます
取り扱い書店は、八重洲ブックセンター、丸善日本橋店、書泉グランデ（神保町）、岩波BS、紀伊國屋書店新宿本店、三省堂神田本店、阪急ブックファースト銀座店、曙光堂書店、ジュンク堂（池袋店、大阪本店、鹿児島店、京都BAL店、西宮店他）、MARUZEN & ジュンク堂渋谷店などです。取り扱いのない書店でも、最新号・バックナンバーの注文ができます。

調査情報

2018年1-2月号　第3期通巻540号
2018年1月1日発行（隔月1日発行）
定価　本体価格731円+税
発行　㈱TBSテレビ
編集・発行人　岩城浩幸
編集　㈱TBSメディア総合研究所
編集部　吉田裕二　天野教義　伊藤 哲　五十嵐光浩　工藤菜乃　内藤弓佳
販売　吉田郁恵
〒107-0052　東京都港区赤坂5-5-9
第七セイコービル7F
TEL 03-3586-6003
03-3505-7455
FAX 03-3586-6017
chousa@tbs-mri.co.jp
表紙・本文デザイン　今氏亮二／hottype工房
校正　平岡眞弓　内藤栄子
印刷・製本　㈱TBSサービス
ISBN978-4-906908-69-1 C3036

万一、本誌に乱丁、落丁がございましたら小社編集部宛にお送り下さい。送料小社負担にてお取り替えいたします。